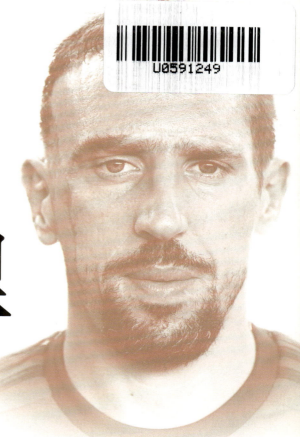

里贝里

Franck Ribéry

一切皆有可能

[法] 亚历克西斯·默尼热 著

许文杰 张新冬 译

北京出版集团公司

北京出版社

著作权合同登记号

图字：01-2015-7383

Published as "Franck" by Alexis Menuge.

© 2014 by riva Verlag an Imprint of Muenchner Verlagsgruppe GmbH, Munich, Germany

www.rivaverlag.de

All rights reserved.

Chinese language edition arranged through HERCULES Business & Culture GmbH, Germany

2016年中文版专有出版权属于北京出版集团公司，未经书面许可，不得翻印或以任何形式和方法使用本书中的任何内容和图片。

图书在版编目（CIP）数据

里贝里：一切皆有可能 /（法）默尼热著；许文杰，张新冬译 . —北京：北京出版社，2016.1

ISBN 978 - 7 - 200 - 11780 - 6

I. ①里… II. ①默… ②许… ③张… III. ①里贝里—传记 IV. ① K835.655.47

中国版本图书馆 CIP 数据核字（2015）第 309064 号

里贝里

一切皆有可能

LIBEILI

[法] 亚历克西斯·默尼热　著

许文杰　张新冬　译

*

北 京 出 版 集 团 公 司

北 京 出 版 社　出版

（北京北三环中路6号）

邮政编码：100120

网　　址：www.bph.com.cn

北 京 出 版 集 团 公 司 总 发 行

新 华 书 店 经 销

北京旭丰源印刷技术有限公司印刷

*

710毫米×1000毫米　16开本　10印张　105千字

2016年1月第1版　2016年1月第1次印刷

ISBN 978 - 7 - 200 - 11780 - 6

定价：49.80元

质量监督电话：010 - 58572393

责任编辑电话：010 - 58572511

2008年4月20日，德国杯决赛，拜仁依靠加时赛2：1险胜多特蒙德夺得冠军

托尼在2008年4月20日进行的德国杯决赛中梅开二度力助拜仁夺冠，里贝里、莱尔等队友齐来喝彩

2008年4月20日进行的德国杯决赛中，里贝里的7号球衣和他的头像出现在拜仁球迷加油助威的旗帜上

2008年4月27日，德甲第30轮，拜仁主场4∶1大胜斯图加特，里贝里梅开二度

2008年5月7日，德甲第32轮，拜仁与比勒费尔德的较量中，里贝里庆祝自己的第一粒进球

2008年5月17日，德甲第34轮，已经提前夺冠的拜仁主场4∶1战胜柏林赫塔，里贝里与卡恩击掌，这是联赛最后一轮比赛，也是卡恩和希斯菲尔德的告别战

拜仁大胜柏林赫塔，波多尔斯基和里贝里举旗欢呼

2008年欧洲杯期间，里贝里一家亲密合影

2008年6月9日，欧洲杯C组比赛，法国与罗马尼亚0：0战平，里贝里和塞巴斯蒂安在中场拼抢

2008年欧洲杯C组比赛，第7分钟，里贝里严重受伤

2008年7月25日，里贝里为拜仁拍摄宣传照

里贝里当选2008年德国足球先生

里贝里偕妻子瓦西芭参加2008年慕尼黑啤酒节

2008—2009赛季欧冠1/8决赛首回合，拜仁客场5：0横扫里斯本竞技，主教练克林斯曼赛场欢庆大比分胜出

2010年世界杯热身赛，法国队遭遇劲敌西班牙队，里贝里和伊涅斯塔激烈对战

2012年慕尼黑啤酒节，里贝里和好友范比滕身着巴伐利亚传统服饰参加啤酒节活动

2012年慕尼黑啤酒节，里贝里和妻子瓦西芭一同参加活动

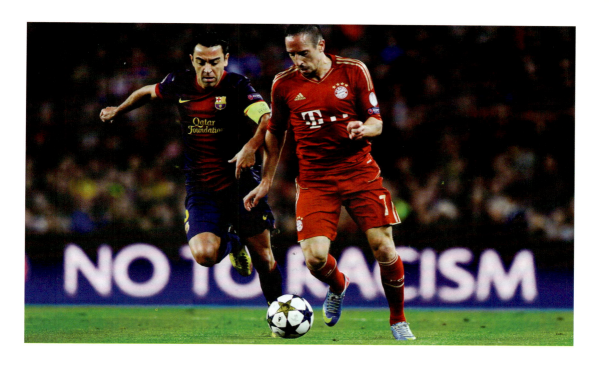

2013年5月1日，2012—2013赛季欧冠半决赛次回合，巴塞罗那0∶3负于拜仁，哈维与里贝里争球

第33轮赛后，拜仁在安联球场领取了2012—2013赛季德甲冠军奖盘

2013年5月25日，英国伦敦温布利球场，2012—2013赛季欧冠决赛颁奖仪式后，里贝里把圣伯莱德杯戴在头上

2013年5月26日，拜仁携欧冠冠军奖杯凯旋，全队受到慕尼黑当地球迷热捧

2013年6月2日，德国杯决赛，拜仁3：2战胜斯图加特，施魏因斯泰格、里贝里和其他队友一起庆祝这动人的时刻

德国杯决赛取胜之后，拜仁勇夺赛季三冠王，主教练海因克斯接受里贝里别致的"啤酒洗礼"

2013年6月2日，拜仁进行三冠王的夺冠大游行，里贝里、曼朱基奇、施魏因斯泰格分别举着德国杯、圣伯莱德杯和德甲冠军奖盘，在雨中庆祝历史性时刻

2013年6月2日，拜仁三冠王夺冠大游行，里贝里和施魏因斯泰格紧握圣伯莱德杯庆祝

2013年的欧足联颁奖盛典上，里贝里荣膺欧洲最佳球员

2013年10月31日，阿拉巴获得奥地利年度最佳运动员称号，里贝里为他颁奖祝贺

2014年巴西世界杯预选赛上，法国迎战芬兰，进球后里贝里激动地向观众席示意

在摩洛哥阿加迪尔举办的2013年世俱杯半决赛上，广州恒大的孔卡和拜仁的里贝里争夺控球权

2013年11月6日，里贝里亮相慕尼黑的电视节目录制现场

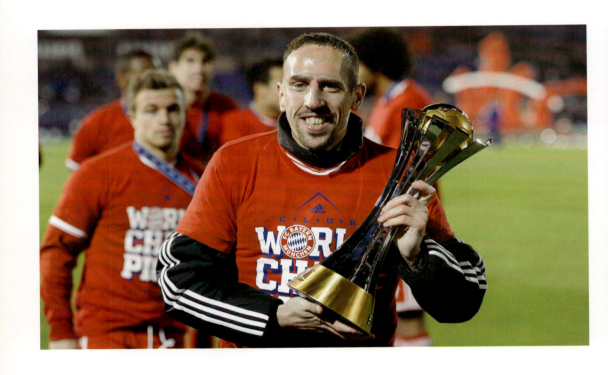

2013年12月22日，世俱杯决赛，拜仁2：0战胜摩洛哥的卡萨布兰卡，最终捧得世俱杯奖杯

2013年世俱杯决赛，里贝里荣膺本届赛事最佳球员

2013—2014赛季德国杯，拜仁夺冠归来，里贝里高举奖杯与球迷共同庆祝

2014年1月13日，2013年国际足联金球奖颁奖典礼在苏黎世举行，里贝里与梅西同台亮相

2014年6月1日，里贝里现身法国与巴拉圭的比赛，当时在长椅上的招呼竟像两个月之后宣布从国家队退役的挥手分别

2014年8月1日，拜仁在美国新泽西备战2014年奥迪杯，球员在训练之余得以在游艇上放松

2014—2015赛季，拜仁慕尼黑拍摄官方宣传照

里贝里回到法国的家乡被热情的球迷团团包围

里贝里作为拜仁一员在大众老爷车上签名，拍卖所得将用于支持一支破产的德丙球队

2014年8月，拜仁全队在因戈尔施塔特出席赞助商的赠车仪式，众多球迷到场围观助阵

2014年10月15日，名厨阿尔冯斯·舒贝克推出拜仁食谱，里贝里也亲自下厨

2014年11月24日，拜仁起程赴客场参加欧冠小组赛，里贝里西装革履，变身男模

2015年1月9日，拜仁慕尼黑赴卡塔尔首都多哈参加集训，里贝里现身机场，一名球迷求其签名

2014—2015赛季德甲第22轮，拜仁6∶0大胜帕德伯恩，里贝里"剪刀手"庆祝为球队打入第4粒进球

2015年2月27日，德甲第23轮，里贝里打入第2粒进球，拜仁最终4：1取得胜利，里贝里舞动身躯尽显丰富的肢体语言

2015年3月4日，2014—2015赛季德国杯1/8决赛，里贝里在拜仁与不伦瑞克的比赛中准备抛掷界外球

2015年3月4日，2014—2015赛季德国杯1/8决赛，瓜迪奥拉在换下里贝里时击掌鼓励

2015年3月11日，2014—2015赛季欧冠1/8决赛次回合，里贝里将进球献给妻子和即将出世的第4个孩子

2015年3月11日，2014—2015赛季欧冠1/8决赛次回合在慕尼黑举行，里贝里帮助拜仁打入第3粒进球后激动地亲吻队友博阿滕，最终拜仁7：0狂胜顿涅茨克矿工

2015年4月21日，2014—2015赛季欧冠1/4决赛次回合，里贝里因伤只能坐在席位上观战

2015年5月23日，2014—2015赛季德甲末轮比赛，早已提前夺冠的拜仁没有胜负压力，卡恩、里贝里、范比滕在球员通道内握手致意

2015年5月24日，大批球迷聚集在慕尼黑市中心玛丽安广场，一起为拜仁第25次获得德甲冠军喝彩

"不要放弃，兄弟！保持你的状态，一定要相信自己会迎来机会……机会总会来的，只需要保持耐心。"

"如果没有这道伤疤，我会是一个非常普通的人，而现在我拥有了坚强的性格和难以置信的意志力。我为自己所遭受的一切感到非常自豪，这并不容易。现如今，我爱我的脸，我爱我的人生。"

"与父亲在工地上的那两个月，是我人生中的重要一课。这是一段伟大的经历，也是我第一次感受到工作的艰辛。"

"我们总是能踢出疯狂的足球——因为在球场上，我们像盲人般看不到多余的东西，心无旁骛。"

　　如果说婴幼儿时期不幸的车祸是里贝里人生的转折点，那么2005—2006赛季亦是他人生的转折点。2005—2006赛季之前，里贝里可谓名不见经传，而这个赛季之后，他迎来了职业生涯的春天，在法甲联赛一飞冲天，获得联赛最佳球员。更令人欣喜的是，2006年的德国世界杯上，里贝里并不是法国队主力，可恰逢西塞在对阵中国的比赛中受伤，里贝里有幸上场。哪知这名替补有着惊人的潜能，上场之后的表现意外的好，因此赛后理所当然地得到了主力的位置。"刀疤侠"和齐祖携手帮助"高卢雄鸡"打入决赛，让球迷领略了顶级边锋的风采。从此，里贝里声名鹊起。

　　他从小地方布洛涅走出来，忍受过讥讽，忍受过嘲笑，只因一道伤疤一切都曾经那么艰难；瘦弱的他经历过失业的窘境，也曾在建筑工地辛苦工作。将相本无种，要不是别人有心或无心的伤害，或许他也不会爆发出强大的意志力，更无法靠着自己的打拼成为安联球场的国王。美好的东西循序渐进地到来，里贝里一点点实现了自己的梦想，成为世界上最棒的球员之一，"嫁"入豪门拜仁——也许是全球组织最完善同时也是最现代化的俱乐部。他说："我会在拜仁完成我的职业生涯。在那里我拥有一切，包括每一天的快乐。"

　　2013年6月，拜仁慕尼黑称雄德国杯，此前已经获得了当赛季德甲冠军、欧冠冠军的拜仁终于成就了三冠王伟业。随后，阵中球星弗兰克·里贝里当选欧足联年度最佳球员，并入选了国际足联金球奖最终三人名单。就此，里贝里的足球事业达到了巅峰，人们对他的关注也达到了前所未有的高度。由亚历克西斯·默尼热执笔的本书的德文版《弗兰克》正是写于近乎完美的2013年。

　　亚历克西斯·默尼热是长期跟踪报道里贝里的《队报》记者，从2007年起他就作为特派记者追随里贝里的德甲征程。同时，他也是媒体人士中唯一与里贝里有亲密私交的人，所以由他诉说里贝里的故事相当合适。此书以里贝里率领球队取得三冠王为契机，记录了他从孩童时代起的30年人生经历。2014年4月，《弗兰克》正式在德国出版发行，我也是在那时与这本书有了交集。我并非职业足球媒体从业者，而是一名为网络媒体提供足球文章翻译、足球评论的业余撰稿人，所以这本书的译本能够出版更多地是因为机缘巧合。作为忠实的拜仁慕尼黑球迷、里贝里球迷，我出于对弗兰克·里贝里的热爱，同时也是在朋友的建议下，开始着手翻译这本书。起初的目的是想与身边拜仁慕尼黑的支持者们一同分享。之后，恰好遇到了拥有此书在国内唯一出版权的"新世冠文"文化有限公司，最终得以将书出版，让更多的球迷朋友有机会从《弗兰克》中重新认识里贝里。我感到十分荣幸。

里贝里是著名球星，这里头包含了两个基本事实：他是人；他足球踢得好。每个人都会或多或少有人类普遍拥有的优点、缺点，也各自拥有不同的个性。至于足球，它是里贝里身上不可磨灭的标签。是足球让他得到了物质上的丰富、心灵上的满足；是足球让他的人生历程充满挑战、坎坷、荣誉；是足球让他成为无数个人类个体中值得被关注的那一个。我对里贝里的关注始于足球，延伸至人格——在享受他华丽足球技术的同时，我始终难以忘掉，他不仅是球员也是个性鲜明的人。传记因此变得可读，用点滴拼凑出完整的个体，用往事解析他的如今。《弗兰克》这本书不算很厚，但看点颇多。作者从让里贝里脸蛋带上疤痕的飞来横祸讲起，记叙了他如何从布洛涅的足球少年最终成长为世界巨星。里贝里的成长历程是与命运抗争的历程。他出生于法国布洛涅一个并不富裕的家庭，他的父亲依靠体力活维持一家人的生计。少年里贝里所面临的困境远不止经济上的拮据，两岁那年的车祸更是给了年幼的他沉重一击。里贝里右脸颊上的伤疤正是源自这次车祸。设身处地地想，这样一道伤疤会给一个孩子带来多么大的伤害？歧视、嘲讽并没有让里贝里自暴自弃，相反，他把冷嘲热讽当作激励，暗下决心一定要改变自己的命运，这便是他感动了无数人的人格魅力。倘若里贝里早早地就被困境击败，那我们也就无从认识这样一位值得尊敬的球星了。

他虽非上天的宠儿，也非完完全全的弃儿——正如书中所说，也正如球迷所知，百般不幸之中，里贝里拥有超越常人的足球天赋。20多年来，足球是唯一能让里贝里向上攀爬的绳梯，很多人不曾拥有这样的绳梯，很多人拥有却因种种挫折放弃攀登——里贝里是极少数靠着这条绳梯登顶足球至高荣誉的人。他也并非在豪门青训营里一路茁壮成长的精英少年，青年球员时期更是坎坷。里贝里混迹过当地的业余球队，闯荡过里尔的青训营，经历过小球会的破产失业，也曾在丙级联赛中摸爬滚打。在2004—2005赛季首次在顶级联赛登场之前，里贝里辗转过法国南北的大大小小近10家俱乐部。不同于从小就备受瞩目的天才球员，在成名之前很少有人报道过里贝里，他的故事也大多不为人所知。默尼热在书里很好地还原了里贝里在各个球队效力时的经历，以及每次加盟、离队时的原委。我也是在翻译《弗兰克》的过程中才知晓了他许多极少被媒体提及的往事。有一件事虽然早有耳闻，但在书中得知其确凿存在时，还是让我感触颇深：19岁那年，里贝里效力的阿莱斯俱乐部破产了。在试训甘冈等俱乐部无果后，囊中羞涩的里贝里只得回到家乡布洛涅。无球可踢的他为了生计，开始与父亲一起在建筑工地上工作。这份工作虽然收入微薄，却比足球训练还要辛苦得多。里贝里一方面体会到了父亲工作的辛酸劳苦，另一方面知晓自己不适合在工地工作，因此下定决心在足球场上有所建树。很难想象，一名取得无数荣誉的世界巨星，在19岁时还因为无球可踢而在建筑工地劳作。纵观和里贝里达到一样高度的球员，有如此经历的也很罕见。

2006年世界杯让里贝里被全世界球迷知晓，但真正走入中国球迷主流视线的里贝里还要算是加盟拜仁慕尼黑以后。里贝里为何选择来到拜仁？相信不少球迷都关注这个问题。对于当时的缘由种种，书中也给出了解读。里贝里见证了拜仁的复兴，虽然我们无法假想当初里贝里选择别家球队会有怎样的境遇，但可以肯定的是，如果他没有来到慕尼黑，那么欧洲足坛近些年的格局绝不会发展成如今的模样。

　　从2007年年初到慕尼黑，到2013年登顶欧洲之巅，这期间里贝里生命的每一天都离不开拜仁慕尼黑，其间的故事、情感也是一言难尽。书中记录了他在拜仁每一年的重大事迹、重要比赛，观里贝里的拜仁史我们就能在很大程度上了解拜仁近年的发展史。引进里贝里是拜仁打造豪华阵容的重要一步。表面上，里贝里风光无限，在德国掀起了"里贝里热"；事实上，他与球队插曲不断，一度萌生去意，甚至有过实际行动上的尝试。书中不仅记载了里贝里在拜仁的这些小插曲，还从球员的角度道出了他鲜为人知的真实想法。与之相对的是拜仁慕尼黑的努力。无论是刚到拜仁时球队上下对里贝里的癫狂，还是拒绝皇马、巴萨、切尔西挖墙脚时的斩钉截铁，甚至是2010年风波后的鼎力支持，我们从以赫内斯为代表的球队高层身上看到的是真实人格，而并非装腔作势。里贝里与拜仁的结合有一定的偶然性，但他与拜仁的水乳交融却更像是必然。球队无时无刻不给予的关怀、支持、坦诚相待是让里贝里情感转变的重要因素。其中最值得一提的自然是"罢训门""雏妓门"发生后拜仁对里贝里的不离不弃。关于这两件事，里贝里对媒体几乎绝口不提。亚历克西斯·默尼热是唯一让里贝里从人格上信任的记者，因而他能够有机会对此采访里贝里，听他说出始末。

2012年5月19日，拜仁慕尼黑在主场痛失欧冠。里贝里曾在加时赛中为球队创造一粒点球，可惜队友没能将球罚进，因伤下场的他最终只能看着球队在点球大战中失利。这场失利是慕尼黑人的痛，也是强心剂，是拜仁重回欧洲之巅的起点，也是里贝里攀登职业生涯巅峰的动力。《弗兰克》的第9章将里贝里的故事推向高潮，记叙了他与球队一起收获德国球队史无前例的三冠王（欧冠、德国杯、德甲联赛）。"谁无暴风劲雨时，守得云开见月明。"2012—2013赛季是拜仁慕尼黑一代黄金球员数年来的厚积薄发。里贝里是其中一员，更是一个代表。可以说拜仁遇上了最好的里贝里，里贝里又与队友一起成就了最好的拜仁。从2007年到2013年，里贝里用6年的时光带给拜仁球迷无数美好的回忆，也带给了世界足坛无数惊喜。《弗兰克》呈现给人们的不仅是这六七年聚光灯下的里贝里，还有他从布洛涅的穷娃娃走向足球明星的艰苦岁月。这些点点滴滴，都是里贝里走过的路，流过的泪，挥洒过的汗水。

当我写下这些文字时，里贝里已经年近32岁，对于职业球员来说这已不再年轻。在此，我希望陪伴了一代足球迷的里贝里，能在剩余的职业生涯里继续收获足球带来的快乐，并在之后人生的每个阶段都平安幸福。

许文杰

2015年1月

我在足球圈没有太多朋友，但是我必须要说：弗兰克·里贝里是我的挚友。2007年夏天，他加盟拜仁的那一刻，我们初次见面，从那时起我们就结下了友谊。对我来说，弗兰克不仅仅是一名队友。这份友谊的出现，让我的每一天都充满了欢笑。

关于我们的友谊，最难能可贵的一点是：每当对方需要帮助的时候，另一个人总会挺身而出。比如在2010年，当弗兰克陷入各种麻烦时，我曾多次与他促膝长谈，帮助他最终渡过难关。同样，弗兰克也给予过我很多帮助。比如有场比赛，当弗兰克知道我因为无法出场而无比失落时，他在进球后立刻冲过来拥抱我。弗兰克把这粒进球献给了我！那一刻令我备受鼓舞。弗兰克就是这么充满人情味的一个人，当我需要帮助的时候，他总会伸出援手。

我们在一起吃饭时，弗兰克经常对我说，我会得到更多的出场机会，所以一定不要放松对自己的要求，在训练中要全力以赴。在他的鼓励下，我终于做到了，在拜仁赢得了自己的位置。"不要放弃，兄弟！保持你的状态，一定要相信自己会迎来机会。你是个伟大的球员，有着最职业的态度，机会总会来的，只需要保持耐心。"弗兰克一次次地叮嘱道。

弗兰克最优秀的品质是热心肠，对待朋友他总是那么慷慨。有一件事令我铭记终生，那是在2009年春天，我当时正经历着人生的波折。由于住在比利时的父亲患上了中风，我不得不放弃欧冠对阵巴萨的首回合比赛，回到家中陪伴父亲，之后与法兰克福的联赛我也没能参加。记得那个周末的晚上，我对父亲说："爸爸，我们看看体育台？"父亲说不清话，只是点了点头。随后我打开电视，正好赶上了弗兰克进球的那一刻，只见他高高举起了5号球衣以示庆祝。没错，那正是我在拜仁的球衣号码。这是我父亲患病后第一次看电视，我对他说："爸爸，弗兰克举起的是我的球衣！这粒进球是献给你的！"父亲看了我一眼，突然间我注意到他的眼中闪着泪光，而我的眼眶也不禁湿润了，那真是令人感动的瞬间。后来我告诉弗兰克，他把我们父子俩都弄哭了。弗兰克高举球衣时的情景，我永远都不会忘记。

　　在慕尼黑，弗兰克无疑找到了属于他的幸福。在这里，他每天都心情愉悦，每个早上来到塞贝纳大街的时候，脸上总是带着微笑。弗兰克的妻子和孩子在这里过得很开心，慕尼黑的人们也对他们非常友善，这让弗兰克感到舒适又有安全感，这座城市有他所追求的高品质生活。

　　拜仁始终给予弗兰克无微不至的帮助，甚至不求多少回报。弗兰克意识到了这一点，如今他用顶级的表现回报着俱乐部长久以来的信任。相比2007年弗兰克刚来拜仁的时候，如今的他更加成熟、自信，也更加坚强。

　　也许有一天我会与弗兰克分别，我可能带着妻子和孩子回到比利时，而弗兰克会留在慕尼黑或者回到法国，那时我们就不能经常见面了。这种感觉肯定很奇怪，因为从2007年起，这么长的时间里我们几乎每天都在一起。不过未来的事谁知道呢？也许有朝一日我们会再次重逢，没准还会在同一家俱乐部工作，那肯定棒极了。在足球世界里，一切皆有可能。

总而言之，无论将来身处何方，我和弗兰克都不会失去联系，我们深厚的友谊将彼此紧密联结在一起。弗兰克退役后，他与家人很可能会留在慕尼黑，这是个不错的选择。很多曾为拜仁效力的球员并不是慕尼黑本地人，但后来都选择了在慕尼黑生活。不过我认为弗兰克最终还是会落叶归根，回到他的家乡布洛涅。当然，他在法国并不像在德国这么受欢迎，不过现在他的形象已经越来越好了，我相信每个法国人都会重新爱上他的。

有一件事是肯定的：弗兰克是我一生的挚友。

范比滕

前言

　　2007年7月，在拜仁位于黑森林地区的多瑙艾辛根训练营里，我第一次见到了弗兰克·里贝里。作为法国《队报》的特派记者，我负责追踪采访里贝里在德国起航的第一步。里贝里给我的第一印象是很有礼貌，无论是长篇专访还是简短提问，他都很乐意回答。我们从一开始就彼此信任，很快我就得到了他的私人电话号码。在里贝里前往云达不来梅的德甲首个客场前，他答应赛后会与我联系，谈谈对于德甲联赛的感受。那场比赛里贝里表现得非常完美，他打入了自己的首粒德甲客场进球。比赛一结束我的手机响了，里贝里在拜仁大巴上就给我打来了电话。他兴奋地告诉我他有多么开心，在座无虚席的威悉球场，进球的感觉是多么美妙。

　　采访里贝里总是伴随着欢笑。里贝里喜欢开玩笑，比如在我去洗手间时，他会趁机往我的杯子里撒盐，在看到我喝下饮料露出异样的表情后，他会开怀大笑。不过在回答问题时，他总会表现出职业且认真的一面。我们之前唯一的一次危机是在2010年春天，当时"雏妓门"事件曝光。一夜之间，里贝里回避与所有法国记者接触，这其中也包括我。他认为我们每个人都对此事负有责任，尽管我本人从未写过关于此事的报道——真的一行都没有，然而在里贝里那里，没有任何人例外。

从2010年4月到2011年10月，我们之间没有任何联系。那段时间我失眠了好几次，我不明白为什么他会对我不理不睬。直到2011年10月，我和范比滕在绿森林共进午餐时，我把事情的原委全都告诉了他。范比滕对此感到很惊讶，他答应帮我去和里贝里谈谈。范比滕乐观地表示，相信我和里贝里很快就会重归于好。果然，不久之后，在安联球场的一次访问时，里贝里终于回答了我的问题，就像什么事都没有发生过。当我跟着他走到停车场时，他对我说："过几天我们见个面吧，然后可以好好谈谈。"

3个星期后，在塞贝纳大街的咖啡厅里，我们伴随着玛奇朵咖啡的香味进行了一番长谈。里贝里告诉我，他很遗憾这么长时间没和我说话，这是因为他在2010年做出了决定，拒绝任何法国记者的采访，谁也不会例外——即使他知道我从未报道过"雏妓门"事件，也没有在南非世界杯的那场闹剧中故意对他进行抹黑。里贝里认为他是在平等对待所有人，我们的关系很快就恢复了。

我们最近的一次私人谈话是在2014年1月，当时是在卡塔尔的一家酒店里，两天之后金球奖的得主就将在瑞士苏黎世揭晓。那天我第一次给里贝里看了这本书的封面，他非常兴奋，眼睛里闪闪发光。从我开始写这本书的第一刻起，里贝里就表示会全力支持我，帮我联系他的老朋友以及曾经的教练，比如恩师让·费尔南德斯。2004年，里贝里在梅斯第一次踢上顶级联赛时，费尔南德斯就是他的教练，两人之间彼此欣赏。在我邀请费尔南德斯来到卡塔尔的训练营看望他时，里贝里对我连连致谢。当两位阔别已久的老朋友互相走向对方时，这些年的时光，仿佛从未流逝。是的，里贝里依然没有变，他还是那个来自布洛涅的单纯少年。

目 录
CONTENTS

第 1 章　对抗逆境

"伤疤？那是我的标志。" 1983年4月7日，里贝里出生于法国滨海的布洛涅。在两岁的那一年，他与死神擦肩而过。那一天，里贝里与父母一同驾车出行，坐在后座的他没有系安全带。意外突然发生，他们的汽车与另一辆汽车猛烈相撞，里贝里的头部狠狠地撞在了风挡玻璃上。"当时我们的车后座没有安全带，"里贝里的父亲弗朗索瓦回忆说，"弗兰克伤得很严重，他在医院躺了很长时间，我们一度担心会永远失去他。"

　　但里贝里活了下来。在回忆起这段噩梦时，里贝里说："我知道我很幸运。尽管外人异样的目光令我难以忍受，但某种意义上这件事帮助我成长，它让我变得更加坚强。"他随后讲述了一件至今让他难以忘怀的事情："有一次外出，一个女人盯着我至少看了两分钟，好像我是个外星人似的。然后我的父母站出来质问她：'你有什么问题吗？哪里不对吗？'"

　　由于这次意外，里贝里不得不忍受童年生活的不幸和来自布洛涅街头的嘲讽，伤疤成为他生命中重要的组成部分，这带给他痛苦，但更多的则是激励。一个没有伤疤的里贝里？他认为这无法想象。如果没有这道伤疤，他或许会成为一个完全不同的人。由于外表的缘故，童年时的里贝里经常会遭到外人嘲弄。有时他会私下里哭泣，但从不在人前落泪。后来，他学会了保护自己。里贝里一直是个敏感的孩子，但他并没有因为遭受不公而自甘堕落，他只是不愿意向那些欺负他的孩子们认输。他并不喜欢打架，但有时在所难免，不过里贝里本身并不是个暴力少年。

里贝里说："小时候其他孩子经常管我叫卡西莫多①。你能想象吗？这深深地伤害了我，也令我爆发出了所有的潜能。如果没有这道伤疤，我会是一个非常普通的人，而现在我拥有了坚强的性格和难以置信的意志力。我为自己所遭受的一切感到非常自豪，这并不容易。现如今，我爱我的脸，我爱我的人生。"

里贝里的父亲弗朗索瓦是一名建筑工人，母亲玛丽·皮埃尔则是一名店员，此外，里贝里还有两个兄弟——小弗朗索瓦和史蒂芬，以及妹妹露德温。他们一家六口居住在一间狭小的板房里，位于布洛涅北部一个名为"绿色之路"的街区。这里大约有1.2万名居民，都是一些低收入人群。街区毫无特色可言，到处都是外观几乎无差别的板房，窗户上挂着卫星天线，大门锈迹斑斑，墙面上一道道深深的裂纹，似乎随时都可能坍塌。

这里的冬季阴雨绵绵，街道上空空荡荡。在这座城市的北部是法兰西解放体育场，坐落在公墓的对面。球场的草坪质量很不错，就在一年半以前（2009—2010赛季），布洛涅俱乐部还在这里征战法甲，现如今它已经降入了丙级联赛。当我走进球场时，注

---

① 雨果名著《巴黎圣母院》里一个长相极其丑陋的人物。——译者注

意到了一块红色的标志牌，上面写着：里贝里。这块标志牌指向一处以里贝里命名的看台，这里的人从未忘记这个名字。

在不大的"绿色之路"社区里，有一块小小的混凝土场，儿时的里贝里曾经在这里无数次踢球玩耍。如今球场已经空无一人，毫不起眼。谁能想到，在20年前的夏天，未来的安联国王曾在这里挥洒过汗水呢？

里贝里过去的住处已经不复存在，由于危房太多，这片居民楼在几个月前已经开始拆除重建，而里贝里的父母则在体育场附近买下了一栋新房子。在这个港口城市的每一个角落，你都能真切感受到这里居民的贫苦，不过他们仍然有值得骄傲的代表，那就是"Francky"（对里贝里的昵称）。

"他经常来看望我们，"萨利姆说，20年前他经常与里贝里在那块小混凝土场上踢球，"里贝里一直没有变，还是那么礼貌、友好和开朗。唯一的区别是：现在他穿的衣服可比以前的要贵多了。"

"当年在我们这群人中，弗兰克毫无疑问是最强的，"萨利姆回忆道，"他的速度非常快，盘带技术也很棒，但最厉害的还是他超强的意志力。他对足球非常痴迷，那时的他就有着强烈的求胜欲望。如今他能取得如此高的成就，我一点也不感到奇怪。"

在我采访的时候，门口聚集了很多无所事事的年轻人，其中一些穿着拜仁的7号球衣。布洛涅的失业率超过了60%，对于里贝里来说，曾经的一切都是如此艰难。如果没有强大的意志力做支撑的话，他永远都无法摆脱命运的束缚。里贝里完全靠自己努力打拼，这也是他日后取得成功的秘诀。

在社区中心，有一家名为FC孔蒂的业余俱乐部，里贝里在这里踢了6年球。早在那时，足球就已经占据了里贝里的整个脑海，无论白天还是黑夜，他都在想着足球。对里贝里来说，足球远胜于其他一切的事物，当时他与小伙伴们在那块混凝土场上度过了太多的美好时光。"我们每天要踢四五个小时，四对四比赛。规则只有一条：赢得比赛的一方才能继续留在场上，因此我总想着胜利。球场边有一盏路灯，所以我们可以踢到很晚，甚至直到凌晨两点钟。由于我们太过喧闹，有时还会招来警察。"

从那时起，里贝里就已经能够触球400次而不被放倒；从那时起，里贝里的心中就燃起了伟大的足球梦；从那时起，里贝里就成了一名斗士。他永远渴望胜利，哪怕只是无关痛痒的小比赛。失败是无法被接受的，那是里贝里内心最痛恨的东西，如今仍然是这样。

里贝里的第二站：A.C.O.艾格隆，FC孔蒂隔壁的球队。里贝里很快就成了该队的进攻核心，他是进球最多的球员，而对手只能用各种污辱人的话进行挑衅，挖苦他那张带着伤疤的脸。"卡西莫多"是最难听也是最常听见的，偶尔还会有人称他为"丑陋的乌鸦"或者"疤面煞星"。

里贝里的回应则是：用脚下的足球来羞辱对手，搞得那些家伙头晕目眩而不得不放弃。他的球技很快就受到了关注，里尔俱乐部的一名球探在观看了一会儿他的表演后，递上了一份训练营的邀约，尽管当时里贝里只有13岁。通常情况下，这家来自法国北部的俱乐部只邀请15岁以上的孩子参加训练营，不过这次是个例外。里贝里的父母并没有考虑太久，就决定让自己的孩子离开家乡，前往140公里以外的里尔发展。父亲弗朗索瓦在谈到这个决定时表示："我的儿子很适合踢球，我不能阻挡他的前程。里贝里留在布洛涅没有太大的前途，这次机会他必须抓住。"

来到里尔的里贝里没有合同，也没有工资，只有俱乐部给他发的一点点零用钱，这些零用钱可以用来看看电影或者去海边逛逛。他的老东家A.C.O.艾格隆为他提供了一年的新球鞋，这是出于对里贝里过去贡献的感谢，他在那里可是个备受追捧的小球星。另外，这也是他们对里贝里未来发展的鼓励。

里贝里在里尔青训营待了3年，由于身体成长缓慢，球队对他逐渐丧失了信心，他们最终放弃了里贝里——因为他的身体实在太瘦弱了，同时也因为他太痴迷于自己的足球梦想，而荒废了学业，对于学习他可是一点兴趣都没有。1999年1月，沮丧的里贝里回到了布洛涅。"其实我当时踢得很好，不过他们觉得我实在太瘦弱了，这就是他们决定放弃我的原因，而不是传闻中所说的在学校表现太差或者打架的缘故。"虽然最终被对方抛弃，但里贝里时至今日仍然和里尔的一些工作人员保持联系。

回到老家后，里贝里最终和布洛涅俱乐部签约，月薪150欧元，随队征战法丙联赛，这是他球员生涯一次小小的突破。时任布洛涅教练的布鲁诺·杜普伊斯回忆说："里贝里的到来就像是一份礼物，他有着同龄球员罕见的盘带技术。"

就在这段时间，也就是里贝里大约16岁的时候，他结识了未来的妻子瓦西芭。瓦西芭就住在距离里贝里家几个街区的地方，她是阿尔及利亚人后裔。由于里贝里的家乡位于法国北部，因此瓦西芭给他起了个绰号叫"北方佬弗兰克"。2004年，里贝里皈依了伊斯兰教，并且拥有了一个穆斯林名字"比拉尔·尤素夫·穆罕默德"。"在我家附近有很多穆斯林居住，渐渐地我也不吃猪肉了。在遇到瓦西芭之后，皈依伊斯兰教就是自然而然的事情了，父母也很尊重我的选择。这就是为什么我会在每场比赛前向真主做个简短祷告的原因，这为我指明了方向，也令我更加自信。"每当比赛开始前，里贝里都会跑向中圈开球的地点，当队友们相互击掌鼓励的时候，里贝里则独自一人双膝跪地，然后低头举起手臂进行祷告。"我有我自己的信仰，这是我的决定，也是我的个人隐私。但是我可以说，正是伊斯兰教让我变得更加强大，也更加勇敢。"在里贝里皈依伊斯兰教数月之后，他与瓦西芭步入了婚姻殿堂。

　　如今在他的家乡，里贝里已经是成功的代名词，他克服种种逆境，已经登上了最高的舞台。布洛涅附近一所学校的校长塞尔热·莱罗克斯常常用里贝里的事迹来教育他的学生："看看里贝里吧！他是如此尊重教练的决定，一旦在场上丢球，就会立刻全力反抢。对于每一个怀揣足球梦想，希望有朝一日成为职业球员的孩子来说，他就是榜样。"

　　2011年12月，里贝里与瓦西芭在布洛涅开了一家水烟馆，他们给这家店起名叫作"O'Shahiz"，名字源于他们的两个女儿西兹娅和沙西内斯。里贝里想要打造一家别具风格的会所，由于穆斯林的缘故，店里不提供酒精饮料，平时由他的小舅子打理。可惜在

2013年夏天，里贝里决定停业："不值得再开下去了，这里的客人少得可怜，在布洛涅没有什么市场。"

2002年对里贝里来说是重要的一年，他人生中第一次远离了自己的家乡，与瓦西芭一起搬到了法国南部。之所以离开布洛涅，主要是由于那里的薪水实在太低了，月薪只有可怜的400欧元，而里贝里的加薪请求遭到了老板的拒绝。19岁那年，里贝里与法丙球队阿莱斯签订了自己的第一份合同，这家俱乐部位于法国东南部大区朗格多克-鲁西荣，隶属于加尔省。里贝里回忆说："当时为了推销自己，我和一名队友连夜赶往了1000公里以外的阿莱斯。"

在阿莱斯，里贝里每个月可以拿到1500欧元，虽然这笔钱还不能完全支撑起他和瓦西芭俩人的生活，但好歹是个新的开始，因此里贝里也感到格外高兴。但好景不长，阿莱斯不久之后就入不敷出，无力支付球员的薪水。又过了一段时间，俱乐部竟然破产了。里贝里完全慌了神，他与瓦西芭的婚礼计划也不得不因为囊中羞涩而被迫推迟。能够在阿莱斯继续待下去，里贝里还要感谢当时阿莱斯的教练雷内·马西利亚，这位好心人为他们支付了两个月的房租。"那里离家有上千公里，我的银行账户已经快空了，没有足够的钱来购买食物，而我必须要养活自己和瓦西芭，那段时间真的很煎熬。"对于当时的窘境，里贝里迄今记忆犹新。

失业危机再次袭来。在这期间，甘冈俱乐部曾给里贝里提供过一次试训的机会，后来大名鼎鼎的迪迪埃·德罗巴就在这家俱乐部踢球。不过两周之后，里贝里被对方拒绝了，因为当时的甘冈主席诺埃尔·勒格拉埃认为他太瘦弱了。如今已经是法国足协主席的勒格拉埃事后承认，自己当年随随便便就打发走里贝里显然是个错误的决定，要知道他错过了用里贝里和德罗巴组成梦之队的机会。不久之后，里贝里又前往法国北部诺曼底附近的卡昂俱乐部试训，然而结果还是一样，他仍然没有说服那里的教练为他递上一份合同。

对于里贝里当时所面临的尴尬处境，曾任梅斯和马赛主帅的里贝里恩师让·费尔南德斯评价道："弗兰克一次次被那些球队拒绝，他们竟然觉得他太慢了，开什么玩笑！那些负责人从来没有认真看过他，现在回想起来真是荒唐。"

里贝里再一次回到了布洛涅。父母在城里的生活条件依然十分有限，不过父亲一直在支持着他，这一点对于里贝里来说非常重要。虽然有时候生活比较艰苦，但父母每日的辛勤劳作至少保证他们还有足够的食物维持生活，整个家庭什么都不会缺少。每个孩子都是父母生命中最珍贵的期盼，而同样最了解孩子的也是父母。当里贝里从阿莱斯回来的时候，他的父亲一眼就知道儿子过得并不如意。

"我的父亲比任何人都要了解我。他建议我跟他一起在布洛涅工作，我立刻就同意了。当时我别无选择，我需要钱。"里贝里与父亲在建筑工地上辛苦劳作了两个月，每天一大早就必须起床上班，这对里贝里来说是从未有过的体验。里贝里说："我每天都要钻孔填洞、铺设管道、搬运器材……做各种各样的建筑工作。不过与父亲在工地上的那两个月，是我人生中的重要一课。这是一段伟大的经历，也是我第一次感受到工作的艰辛。"

里贝里回忆起一件往事："有一次父亲让我试试凿岩锤，不过当我操作的时候，它几乎把我甩了出去。我总算了解到父亲的工作有多么辛苦，同时也意识到这个工作不适合我。我必须成为一名球员。"

此刻，我们正坐在慕尼黑的咖啡厅享受着玛奇朵咖啡，里贝里微笑着回首过去的种种艰辛。这段经历令他感到自豪，也让他获得了更快的成长。在建筑工地上手提电钻的那两个月，是他人生中最糟糕的时期，但同时也让他变得更加坚强。里贝里望着窗外，此时他正等着去学校接自己的女儿，如今的生活让他感受到无比的快乐。从老家的穷乡僻壤走出来，里贝里一步步实现了自己的梦想，他成了世界上最棒的球员之一，加盟了一支正确的球队，一家也许是全球组织最完善同时也是最现代化的俱乐部。

第 2 章　隧道尽头

就在里贝里以为自己的足球生涯即将走到尽头的时候，法丙布雷斯特俱乐部的经理菲利普·古尔萨敲响了他家的大门。里贝里迎来了新的机会，尽管古尔萨本人对这位小伙子并没抱太大的希望："在当时那种情况下，弗兰克有99%的可能一事无成，只有1%的概率实现他的梦想。"布雷斯特的管理层给里贝里开出一份月薪250欧元的合同，这在球队里是最低的，但里贝里毫不犹豫地接受了。

　　杰克·勒加尔一直在布雷斯特负责照顾年轻球员，当时他对里贝里的信心也极为有限。勒加尔说："我从未想到弗兰克能拥有这样的职业生涯，不过布雷斯特的每个人都不会想到。在加入我们之前，他已经参加过很多球队的试训，但最后都被拒之门外。当时转会的截止日期快到了，他需要的只是一份合同，金钱方面他根本不在乎多少。他拿到的薪水低得可怜，那时候的他确实前途未卜。"

　　在里贝里最煎熬的那段时间，勒加尔经常找他谈话，这让里贝里感觉稍微放松了些。勒加尔回忆说："我第一次见他是去车站接他签合同。平日里我不但要照顾弗兰克的生活，同时还得监督他的行为。他之前的名声不太好，我常对他说：'如果你不遵守规矩的话，我们就把你送回老家。'弗兰克很喜欢跟我聊天，他也跟我聊过很多。在我们第一次吃饭时，他就对我敞开心扉，把过去的经历全都告诉了我。我很快就非常了解他了，同时也对他非常照顾。"

虽然当时的处境并不理想，但里贝里仍然没有丢掉自己的搞怪本领。去客场比赛时，里贝里与年长一些的球员住在一起，他们的房间里总是充满了乐趣。里贝里非常聪明，他知道什么时候可以开开玩笑，什么时候则不能胡来。虽然里贝里的学校成绩糟糕而且也不喜欢上学，但勒加尔很清楚，里贝里是个聪明孩子，无论场内场外都是如此。

勒加尔很快得到了里贝里的信任，里贝里曾对他说："除了我父亲，你是这个世界上唯一一个可以在我做错事时给我一巴掌的人。"

里贝里在布雷斯特的开端谈不上幸运，由于在阿莱斯几乎没有打过比赛，他一开始的身体状态并不是很好，因此不得不在板凳上坐了好几个星期。不过随着时间的推移，里贝里逐渐在队中站稳了脚跟。10月份的时候，里贝里已经成为队中的关键球员。他踢得越来越好，而布雷斯特也在他的助力下升入了乙级联赛。

里贝里的生活终于重新回到正轨，同时也从财政赤字的尴尬中摆脱了出来，总算不用再靠借钱度日了。勒加尔想方设法地给予他更多帮助，甚至包括处理缴税这种鸡毛蒜皮的小事——里贝里对琐碎的事向来没什么耐心。过往的不如意逐渐烟消云散，在布雷斯特，里贝里很快就成了球队的助攻王，他一个赛季至少送出了23次助攻！勒加尔说："弗兰克在布雷斯特赢得了球迷的喜爱，这也让他积累了越来越多的自信，他爆发了。过去弗兰克一直身处压力之中，要想得到球队的认可，他必须全力以赴，后来我才意识到这种品质是多么珍贵。"

从2004年1月份开始，里贝里就被主教练阿尔伯特·鲁斯特确立为球队核心，他忽然间成了球队的"大腕"。2004年1月25日，里贝里迎来了出道以来最重要的一场比赛：在法国杯对阵法甲球队阿雅克肖，这是里贝里展现自己真正才华的难得机会。然而在比赛前，里贝里却遭受突然打击，他的一位表亲不幸去世，这让里贝里感到非常难过，他甚至一度失去了踢球的欲望。不过在比赛的那一天，在科西嘉现场5000名观众的注视下，里贝里奉献出了一场世界级的表演。比赛刚刚开场，里贝里就在自己最擅长的边路高速带球突进，帮助球队1∶0取得领先。随后他又接到队友的传中轰出一脚世界波，在上半场就将比分改写为2∶0。阿雅克肖的主场观众鸦雀无声，里贝里再次感受到了足球带来的纯粹喜悦，赛后他还主动和对手交换了球衣。

在布雷斯特，里贝里结识了他最好的朋友塞德里克·瓦努基亚，后者目前效力于法国第四级别联赛球队AS博韦。里贝里之前效力布洛涅时，两人还曾经当过对手。里贝里与瓦努基亚结下了深厚的友谊，他们几乎每天都要互通电话。在谈到好兄弟里贝里时，瓦努基亚说："弗兰克在布雷斯特的前半年并不顺利，经常只能坐在冷板凳上，那是一段令他倍感煎熬的时期。不过弗兰克始终展现出了他的品质：相信自己，永不放弃。当我看到他在训练场上的表现时，我就知道这小子早晚会出人头地的。对阵阿雅克肖的那场法国杯，弗兰克的表现是现象级的，他在场上几乎无可阻挡。对弗兰克来说，那也是他迈向巨星之路的起点。"

对于曾经的那段日子，瓦努基亚记忆犹新："当我在布雷斯特看到弗兰克的时候，我不止一次问自己，为什么像他这么出色的球员会遇到如此多问题？但是他从不抱怨，只是对替补身份感到有点懊恼，而他对此给出了最好的回应：用球场上的表现说话。"

淘汰阿雅克肖之后，布雷斯特在法国杯下一轮比赛中0：4惨败在南特脚下，不过里贝里的表现仍然可圈可点。勒加尔在赛前告诉他，不管场上的结果是好是坏，一定都要好好表现自己，毕竟这可是难得的在媒体聚光灯下展示自己的机会。随后不久，里贝里果然收到很多国内外球队的邀请，据说包括里尔（那里的领导人可能改变了之前的想法）、朗斯、斯特拉斯堡和南特。荷兰豪门阿贾克斯也向里贝里抛来了橄榄枝，不过他们并未成功。

尽管法乙球队克莱蒙特一度是签下里贝里的热门，但是在法甲球队梅斯也表达兴趣后，里贝里最终选择了后者，因为他希望得到在法国顶级联赛踢球的机会，即便克莱蒙特给出的薪水要更高一些。2004—2005赛季，21岁的里贝里与梅斯正式签订了一份为期4年的合约，时任梅斯主帅的让·费尔南德斯还对当年的情景历历在目："当时我在梅斯执教，突然我们的一名球探兴冲冲地跑过来告诉我，他发现了一位超级天才！他甚至激动得有点喘不上气，我问他球员的名字：弗兰克·里贝里。我第一次看到弗兰克是在视频录像里，那时他还在为布雷斯特踢球。不管是技术、跑动、活力还是阅读比赛的能力，所有这一切他都掌控自如。虽然当时弗兰克还只是个在法丙踢球的无名小卒，但我知道如果他能与更强的球员一起踢球的话，他会变得更加出色，后来的事实也印证了这一点。"

10年过去了，费尔南德斯仍然清楚地记得当时的每一个细节。说服里贝里加盟梅斯并不是件容易的事，在那个赛季布雷斯特最后一轮客场挑战罗恩的比赛前，费尔南德斯专程驱车120公里赶往比赛地，他希望现场考察一下里贝里，看看这个传说中的家伙到底有多么厉害。不巧的是，那场比赛里贝里一直坐在替补席，他甚至没有进入大名单。费尔南德斯思索了一会儿，然后主动走到里贝里面前，邀请他到观众席一起观看比赛。现在回想起来，这无疑是个明智的决定：费尔南德斯早就知道里贝里在技术上是多么出色，而这次谈话让他对里贝里有了更深层次的了解。里贝里在谈论足球时洋溢的激情，让他意识到眼前的这个小伙子将成为一名真正伟大的球员，他正是为足球而生！

比赛一结束，费尔南德斯就带着里贝里和他的经纪人坐上汽车一同奔赴梅斯。第二天一大早，他们就和梅斯主席卡洛·莫利纳里坐在谈判桌前展开长谈。为了完成这笔签约，费尔南德斯可谓煞费苦心，他向里贝里分享了很多关于梅斯的事情，比如这里有法国最美丽的球场、最棒的草坪、最好的训练设施以及一支伟大的球队。在招揽里贝里的过程中，费尔南德斯不惜夸大其词，因为他知道里贝里将是一名非常特别的球员。不过在这次谈判中，起决定性作用的可能并非是费尔南德斯的夸夸其谈，而是一次随口的许诺——费尔南德斯告诉里贝里，他可以带着自己的妻子一起过来生活。当时里贝里与瓦西芭正如胶似漆，即使在输给南特的法国杯比赛后，里贝里都没有忘记冲着镜头展示他那件写着"瓦西芭我爱你"的T恤，要知道这可是在0：4的惨败后啊！

"在那天晚上，我们终于谈妥了，"费尔南德斯回忆说，"里贝里签下了出道以来第一份职业合同，为期4年，月薪为7000欧元。事实上，这份薪水还达不到法甲联赛的平均标准，不过毕竟他才刚刚出头，之前只是在法丙踢球的无名之辈。我对他说：'如果你现在只关注钱的话，那只会让你误入歧途。但是如果你专注于自己的比赛，钱就会自动找上门来。'当时克莱蒙特给里贝里开出的条件更好，甚至阿贾克斯也想签下他。但我告诉他：'听着，弗兰克。如果你去阿贾克斯，那你得不到什么机会，而跟着我们，你就能大显身手了。'"

后来发生了一件很有趣的事，里贝里来到了费尔南德斯的办公室，"他盯着我一本正经地问道：'教练，你真的觉得我有能力踢法甲联赛吗？'当时弗兰克甚至没有参加过乙级联赛，我告诉他要相信自己有这个潜质。他的态度，他对比赛的欲望，都是无与伦比的。"

费尔南德斯足以为自己的签约手段而感到自豪。双方完成签约是在夏季初，此时距离新赛季还有一段时间，按照日程可以安排一次度假。在里贝里签约后，费尔南德斯随即询问他准备去哪里度假，而里贝里的回应则是："教练，我从来没有度过假，只打算回家乡与老伙计们聚一聚。"

在听到里贝里的回答后，费尔南德斯立刻做主让他带着妻子飞往突尼斯度假一周，这是里贝里第一次在布洛涅以外的地方度假。"想象一下,这是弗兰克第一次坐飞机度假,当我与他通电话时,他兴高采烈地对我说:'教练,这太棒了!我老婆现在正在游泳池游泳呢,简直太酷啦!'"

当梅斯的训练课开始以后,里贝里不得不在训练中拼尽全力,因为当时很多队友甚至包括梅斯的管理层都对这名新人持怀疑的态度,他们想知道为什么梅斯会招一名来自丙级联赛的家伙。但在第一堂训练课之后,里贝里就赢得了队友的尊重,他证明了自己有能力在队中立足。里贝里不仅仅比其他人更加优秀,同时训练也更为刻苦。

与此同时,里贝里顽皮搞怪的天性也让他在这家洛林区俱乐部引起了很多关注。他无时无刻不在想着恶作剧,费尔南德斯很快就中招了,"在训练的第一环节中,球员们围成一圈,突然弗兰克冲着我说:'教练,你的鞋带。'我低头检查了下鞋带,却发现什么事也没有……他总是不断地制造笑料,跟他在一起从来不会感到无聊。仅仅一天的工夫,我们就觉得这家伙好像已经跟我们相处了至少10年一样。"

在里贝里上演法甲首秀后,他把自己的球衣献给了父亲。那场比赛梅斯在主场1∶0击败了南特,里贝里有着上佳的发挥。2004年8月,在征战法甲仅仅一个月后,里贝里就入选了联赛最佳阵容。而在几周之前,他还曾怀疑自己是否能胜任顶级联赛,如今一切疑虑都已经打消了。

里贝里尽情享受着教练给予的充分信任,每个周末他都在展现着自己巨大的足球潜能。5轮联赛之后,梅斯的排名破天荒地位居榜首，对于这家小俱乐部来说可谓着实不易。里贝里在球场上掌控着一切，没有对手能够限制住他。

当时里贝里的月薪是7000欧元，尽管在法甲联赛中这样的薪水不值一提，但是对他来说已经是巨大的改善。"我花了很多钱买了一些过去想都不敢想的东西，比如在市中心买一栋漂亮的公寓。对于我和我的妻子来说，一切都是崭新的，甚至令我感觉有些不真实。要知道在此之前，我几乎身无分文，即使买双新球鞋也必须精打细算，而现在我步入了一个完全崭新的世界。"

里贝里逐渐意识到，他无疑已经驶向了正确的轨道，而他的生活也发生了翻天覆地的变化。当里贝里与耐克签下人生中第一笔赞助合同后，他的家里总是会被各种包裹堆满，里面是一双又一双的顶级球鞋和各种运动装备。里贝里比以往任何时候都要开心，每一次拆开包裹都感觉像是中了彩票。他至今还记得，当他与瓦西芭拆开第一个包裹时，两人对视了一眼然后心里不禁问自己：我们的生活究竟发生了什么？

费尔南德斯说："弗兰克年轻时很不顺利。他的妻子瓦西芭对他的成功很关键，他们俩就像是个团队一样，而他的前经纪人约翰·比科也非常重要。当弗兰克与梅斯签下合同时，我知道他会在法甲取得成功。不过比科那时就已经对我说：'费尔南德斯先生，你刚刚签下了一名未来的法国国脚。'他当时就确信，弗兰克有朝一日肯定会穿上法国队的战袍。"

在球场上，里贝里没有因为场外的赞誉而分心，他继续开足马力狂奔突进。对阵马赛，他的速度直接让对方的防守者头晕眼花。当时的对位者是谁？大名鼎鼎的利扎拉祖！在这场令人跌爆眼球的比赛中，里贝里的表现犹如华彩乐章，他证明自己才是场上最出色的球员，甚至连利扎拉祖也拿他没有任何办法。在终场哨响之前，里贝里带球长途奔袭将近80米，帮助球队3：1锁定胜局。此时费尔南德斯已经抑制不住内心的激动冲向他一起庆祝，马赛主场的观众甚至起立为里贝里鼓掌。在法国，整个球场为客队球员喝彩，这可是难得一见的情形……

即便是对阵法甲霸主里昂这支拥有埃辛、阿比达尔和埃尔伯等国际级球星的球队时，里贝里依然势不可挡。对手安排了3名不同的球员对他轮番看防，但是依旧无济于事。里贝里一次次被对手无奈放倒，一个小时过后，费尔南德斯不得不提前把里贝里换下，因为对手已经把他弄得满身瘀伤，为了保险起见只能采取这种做法。

在梅斯，里贝里似乎一切都非常顺利，不过此后发生的一件事却导致他与梅斯最终分道扬镳。费尔南德斯回忆说："我们当时在朗斯打比赛，弗兰克脸上挨了一肘，不得不中场休息时就去医院检查。我感到很担心，比赛一结束就给他打了电话。弗兰克表示自己已经没事了，我建议他去陪陪自己的家人，因为朗斯距离他的家乡布洛涅并不远。不过弗兰克却和朋友偷偷跑到迪厅，那里有个卡车司机不停地挑衅他，弗兰克一怒之下就挥起了拳头，差点把那个家伙的眼睛都打瞎了。梅斯主席对此大为光火，当时俱乐部正打算给弗兰克大幅度加薪、续约一年，可是这件事发生的时间点太糟糕了。之前就续约一事我们已经讨论了好些天，但是主席和里贝里只是达成了握手协议，并没有落实在白纸黑字上。在这件事不久之后，弗兰克的腹股沟受伤了，然后他就不想再为梅斯踢球了，因为他认为自己在这里没有得到足够的赏识。后来我从俱乐部体育总监那里接到电话，他告诉我弗兰克刚刚与加拉塔萨雷签约了。我几乎崩溃了，结局来得太突然了。"

在为梅斯效力短短的6个月之后，里贝里就远赴国外踢球，这也是他人生中的第一次。土耳其的加拉塔萨雷毫不犹豫就把里贝里买了下来，并且为他开出了丰厚的待遇——80万欧元的签字费，一套200平方米的复式公寓，月薪5万欧元。当飞机降落在伊斯坦布尔机场后，里贝里刚下飞机就被成千上万等候在那里的球迷团团包围，狂热的气氛简直让他难以置信，里贝里觉得自己仿佛享受着政治家出访般的待遇。

在阿里·萨米·扬球场，里贝里很快就成为了球迷的宠儿。加拉塔萨雷球迷为他谱写了一首新歌，每逢比赛都会赞美他们的新偶像。里贝里在这里还获得了一个昵称：法拉里贝里[①]，球迷以此来赞叹这位法国人的恐怖速度。里贝里在这里最辉煌的演出，毫无疑问就是与死敌费内巴切的土耳其杯决赛，加拉塔萨雷完全统治了那场比赛，他们以5∶1痛宰对手，而这主要归功于一个人的出色表现：弗兰克·里贝里！他在这场比赛中贡献了一粒进球和两次助攻，进球后他向球迷亮出了自己的护腿板，上面写着：瓦西芭。

---

① 引申自法拉利跑车，意大利著名汽车生产商，其出产的方程式赛车、赛车、高性能跑车都是速度的代表。——译者注

不过土耳其的生活并非一切如意。里贝里的第一任经纪人约翰·比科是位好人，然而问题也恰恰出在这里。双方当时走得太过亲近，甚至当瓦西芭为丈夫准备早餐的时候，她还得为比科也准备一份。对于小两口儿来说，他们的生活已经毫无隐私可言。瓦西芭与里贝里并没有为此发生争吵，但两人一致决定应该与比科"分手"，以免危及他们的关系。

在伊斯坦布尔，里贝里结识了一位新朋友，当时同样效力于加拉塔萨雷的喀麦隆著名国脚里戈贝特·宋。有一次里贝里与宋在公寓里聊了整整一个下午，而宋的经纪人布鲁诺·海德沙伊德当时也在场。海德沙伊德出现的时机恰到好处，因为里贝里已经越来越受不了比科。借这次机会，海德沙伊德趁机引诱里贝里转投自己旗下，并表示可以帮助他寻找一家更大的俱乐部。里贝里动心了，他决定聘请海德沙伊德担任自己的新经纪人——事后证明这是一个糟糕的决定，因为海德沙伊德此后给里贝里带来了极其糟糕的影响。而另一方面，当比科得知里贝里在与自己合同在身的情况下又聘请了其他经纪人，双方也出现了矛盾，两人最终闹上了法庭。里贝里控告对方"暴力威胁"，而比科则起诉他违约。

紧接着，里贝里与加拉塔萨雷的老板突然决裂，因为里贝里没有收到工资。他的合同中有一项条款：如果欠薪超过90天的话，那么球员将立即终止合约自由转会。里贝里决定回到法国，他打算离开土耳其的主要原因当然是由于欠薪，不过还有一点就是，瓦西芭不适应伊斯坦布尔的生活。海德沙伊德是条狡猾的老狐狸，他对于国际足联的规章了如指掌，也知道里贝里已经萌生去意。加拉塔萨雷当时确实遇到了财政上的问题，他们无力支付球员的工资，尽管球队老板一心想留住里贝里，并发誓工资很快就会到账，但里贝里此时去意已决。他想回到自己的祖国，而海德沙伊德也想为他在法国找到一家豪门俱乐部。

在国际足联的干预调解下，里贝里在2005年6月13日与加拉塔萨雷正式解除了合约。仅仅48个小时之后，他加盟了马赛，继续自己的职业生涯。之所以来到马赛，一个熟悉的名字起到了至关重要的作用：让·费尔南德斯！前梅斯主帅那时恰好执教马赛，他显然希望能与自己曾经的爱将再续前缘，"当时我是马赛的主教练，主席帕佩·迪乌夫问我是否了解弗兰克。由于加拉塔萨雷连续3个月都没能支付弗兰克薪水，因此我们有机会免费签下他。我立刻请求完成这笔交易，主席当时还有一些疑虑，他说马赛可不是梅斯那样的俱乐部，不过我很清楚弗兰克的实力有多么强大。"

里贝里与马赛签订了一份为期5年的合约，月薪为8万欧元。马赛一直是他想要加盟的俱乐部，里贝里小时候不知道在电视机上观看过马赛的多少次比赛，因此对他来说，做出这个决定根本不需要犹豫。童年的梦想成真了！

费尔南德斯回忆起一段"有趣"的故事，不过当时他可被吓得后背发凉："就在弗兰克与马赛签约的前几天，我正在阿维尼翁开车出行，他突然打电话跟我说：'教练，我必须告诉你一些重要的事情，你可得做好心理准备。我和摩纳哥的官员见面了，现在我即将与他们签署合约。'我当时感到非常震惊，直冒冷汗，甚至衬衫都湿透了。结果过了好一会儿弗兰克才接着说：'教练，你冷静一下！我跟你开玩笑呢。别担心，我肯定会去马赛的！'他就是这么喜欢捉弄人，当时他说得那么认真，害我信以为真了。"

里贝里与摩纳哥当时确实有过接触。"那时候摩纳哥的主教练是德尚（如今他是法国国家队的主教练），他想要将我招致麾下。起初我以为他在开玩笑，不过没想到摩纳哥是认真的。于是我给费尔南德斯打电话，说我更想去摩纳哥。我真想看看当时他的表情是怎样的。"谈到这段往事时，里贝里大笑起来。

与初到梅斯时一样，里贝里刚到马赛时也遭受到很多怀疑的目光，他们认为里贝里并没有太多天赋。不过一堂训练课就足以让里贝里打消了他人的怀疑，他的球技还让队友羡慕不已。与效力梅斯和加拉塔萨雷时如出一辙，里贝里迅速俘获了马赛球迷的心。进球、传球、盘带，他只用了几周就征服了普罗旺斯。

法比恩·巴特斯，这位1998年世界杯冠军成员还对当时年轻的里贝里留有深刻的印象，他说："一见到弗兰克，我就知道他有多么热爱生活，从早到晚他都是笑呵呵的。当我们在马赛第一次见面介绍彼此时，他尊敬地对我说'您好，巴特斯先生'。他谦逊的态度给我留下了很深的印象，有多少新人能在前辈面前表现得如此礼貌呢？"费尔南德斯也赞成这种看法："每天的训练中，弗兰克都是面带笑容，这在其他球员脸上可是很难看到的。通常情况下，首发球员如果前一天刚刚踢满了90分钟比赛，那么第二天只需要放松一下就好了。但他却不是，他会主动希望与预备队一同加练，弗兰克对于足球非常迷恋，他总是在训练中全力以赴。"

当时，一位名叫杰克·卡赫卡尔的加拿大神秘投资者正打算收购马赛，几个月以来他一直耍得马赛后台老板，同时也是阿迪达斯前任总裁罗伯特·路易斯·德莱弗斯团团转。卡赫卡尔根本没有足够的资金来完成交易，但是他却一次又一次尝试收购马赛，而且不止一次拖延付款日期，以趁机给自己的机构做做广告。德莱弗斯最终忍无可忍，这笔交易宣告流产。

里贝里幽默地回忆起这位奇人："这个卡赫卡尔可真不得了，他甚至连更衣室都敢进。比赛结束后，他还会爬上更衣室的桌子与我们一同跳舞庆祝。当时球迷把他当作了俱乐部的大救星，结果突然间他就消失得无影无踪。我记得当时还送给他一件自己的球衣呢，也许他已经在迈阿密海滩把它卖掉换钱了吧……"

在冬季来临之前，里贝里的身体状况一直非常健康，不过之后他却遭受了耻骨炎的困扰，并因此而倍感挣扎。新赛季的准备期，里贝里不得不与伤病一次次地展开斗争。在马赛短短一个赛季之后，里贝里再次萌生了转会念头，尤其是在法国杯决赛负于巴黎圣日耳曼的那场失利之后。那场比赛令里贝里备受打击，当时他被当作经典组织核心来使用，这并不是他擅长的位置，比赛进程清晰地印证了这一点。里贝里被巴黎圣日耳曼后卫牢牢限制，他没有足够的空间来加速冲刺，拼抢对抗也吃尽了苦头。在里贝里的首次大赛决赛中，他完全迷失了自己，尽管他数次尝试换到右边路寻找机会，但是也无济于事，最终马赛饮恨决赛。费尔南德斯对此无能为力，他没有B计划，一切都依仗里贝里。

2006年8月底，就在转会截止日前，里贝里的不安情绪终于引起了事端。在做客法国最大电视台TFI的节目中，里贝里面对数百万观众公开表示自己将转会里昂。里贝里事后回忆说："是的，当时我想去里昂。回想起来，这起事件对我来说是次教训，我明白了自己应该更加谨慎地面对公众，有些想法留在肚子里就好，而不是一遍遍去重复。这件事带来了很不好的影响，也伤害到了我自己。"

"当时的情况非常尴尬，"费尔南德斯说，"那段时间有人给弗兰克提出了非常糟糕的建议，他深陷压力的旋涡，那时候的他还不像今天这么强大。"

事实上，里昂当时确实是里贝里的优先选择，他与里昂俱乐部主席让·米歇尔·奥拉斯以及主教练霍利尔都有过深入的谈话。霍利尔希望能够将里贝里招致麾下，从而在欧冠赛场上有所建树。欧冠对于里贝里显然有着相当大的吸引力，当时他还没有参加过这项欧洲俱乐部最高级别的赛事。与此同时，马赛也在极力挽留里贝里，不过这时候发生的一件事起到了推波助澜的作用。2006年2月，费尔南德斯因为急性肠胃炎入院，里贝里第一时间前往医院看望自己的恩师，而马赛俱乐部在这段时间却不闻不问，这让里贝里难以理解。

经纪人海德沙伊德当然希望完成这笔好生意，他一边游说马赛接受里昂对里贝里2500万欧元的报价，一边把里贝里频频推到媒体的聚光灯前。不过海德沙伊德的美梦很快就被马赛强硬的态度无情地敲碎，俱乐部体育总监何塞·阿尼戈宣布里贝里为非卖品："多少钱都不行！"

马赛球迷对于这桩转会闹剧显然非常气愤。"这是一段令人煎熬的时期，"里贝里说，"那些污言秽语伤害了我，球迷对我打算离开马赛转投死敌非常不满。但从另一个角度来说，里昂能满足我的一切。那时的里昂毫无疑问是法国的霸主，而且他们还能参加欧冠联赛，当时23岁的我很明显无法对这样的俱乐部置之不理。不过我思前想后，最终还是选择了留在马赛。就当时的情况而言，这是更好也更成熟的决定。"

2006年秋天，里贝里与海德沙伊德的矛盾终于爆发。与里昂漫长且失败的转会谈判让里贝里感觉到被人操纵和公开羞辱，最终两人分道扬镳。此外，海德沙伊德还因逃税问题上了法庭，这一度也把里贝里吓得够呛。

俗话说"祸不单行"。在这个多事之秋，里贝里又遭遇了频繁的伤病。他先是患上了疝气，随后又是跖骨骨折。马赛同样运气不佳，他们连续两年输掉了法国杯决赛，对手是名不见经传的索肖。尽管没能事事如意，但是里贝里还是帮助马赛获得了直接晋级欧冠的资格，并且俱乐部正式允许他在赛季结束后离队。当里贝里完成韦洛德罗姆球场的谢幕演出后，他坐在球场拖拉机上绕场一周与马赛球迷道别。全场观众致以热烈的掌声和欢呼声，与这位依旧穿着马赛球衣、满脸汗水的昔日英雄就此道别。

在开始度假之前，里贝里希望明确自己的未来。两家欧洲顶级俱乐部在争夺战中脱颖而出：皇家马德里，拜仁慕尼黑。马赛管理层标出2500万欧元的转会价格，这超出了皇马的预期，拜仁成为大热门。

在里贝里回首往事的时候，有一个人他要献上最特别的感谢。

"现在回想起来，费尔南德斯教练对我无疑非常重要，是他把我从法丙联赛带到了梅斯，成为法甲联赛的常客。在他执教马赛后，他做的第一件事就是与我联系。与费尔南德斯相识是我职业生涯最美妙同时也是最重要的事情，对我来说他就像父亲一样，而我认为他也把我当作自己的儿子一样呵护我成长。我永远都不会忘记他。"

　　"很荣幸能与弗兰克合作两次，"费尔南德斯说，"当我和一名球员交谈时，我通常不会有特别的感觉。但是弗兰克不一样，至今我的心里还隐隐作痛。他在马赛原本可以效力更长时间，只可惜那时他有一个糟糕的经纪人。"

　　"我在马赛的使命已经完成了。"在普罗旺斯效力两个赛季之后，里贝里即将踏上新的征程，他将与新东家一起向更高的荣誉发起冲击。

第 3 章　伟大开端

"里贝里即将加盟拜仁？"在德国，这条消息已经传得沸沸扬扬。2007年6月1日，在接受法国《队报》的采访时，马赛主席帕佩·迪乌夫亲口证实，两家俱乐部已经就里贝里的转会达成了一致。

　　6天后，里贝里搭乘拜仁安排的私人飞机奔赴慕尼黑，与他一同抵达巴伐利亚首府的还有他的新经纪人阿伦·米利亚西奥（他同时也是齐达内的经纪人）以及让·皮埃尔·伯内斯。里贝里顺利通过了拜仁队医汉斯·威廉穆勒·沃尔法特的体检，然后与拜仁签下了他职业生涯有史以来最大的一纸合同：为期4年，年薪接近700万欧元。里贝里最终的转会费高达2900万欧元，这让他成为了德甲历史上最昂贵的球员。随后，在位于慕尼黑博格豪森区的喜来登大酒店，里贝里出席了新援发布会，与他一同亮相的还有刚刚从佛罗伦萨转会而来的意甲金靴奖得主卢卡·托尼。

　　"拜仁高层非常渴望我加盟球队，他们的真诚打动了我，拜仁也是我在转会期唯一会过面的球队。本来我想去英超或西甲的顶级俱乐部继续职业生涯，但是拜仁一直在极力争取，这起到了至关重要的作用。"谈到加盟拜仁的原因，里贝里如是说道。作为德甲冠军纪录的保持者，拜仁当初正处于低谷，他们自1996—1997

赛季以来第一次没能参加欧冠联赛，只能屈尊于联盟杯（如今的欧联杯）。

作为初来乍到的新援，里贝里显得比较内敛。"他的话很少。"时任拜仁主席的赫内斯说道。拜仁高层对里贝里非常重视，他们将7号球衣交给了这位法国人，这是拜仁名将绍尔的号码，而里贝里无疑是最合适的接班人。

在结束了西班牙的3周假期后，里贝里与他的拜仁新队友前往黑森林南部的多瑙艾辛根进行为期10天的训练营。在这期间，有一个人几乎与他形影不离：丹尼尔·范比滕。在里贝里的新援发布会上，范比滕就客串起临时翻译，两人也就此相识。为了尽快融入拜仁的新环境，里贝里再次选择了自己最擅长的搞怪方式，"其实我并不是个害羞的人，只不过在这里我语言不通，我尝试着多开开玩笑，争取早日与大家打成一片。保持幽默感对于我来说非常重要。"

第一个"受害者"很快就诞生了：卢卡斯·波多尔斯基。里贝里将牙膏抹到了波多尔斯基的房间门把手上，波多尔斯基不得不无奈地冲进洗手间清洗满手的牙膏。对于里贝里的恶作剧，当时的拜仁主帅希斯菲尔德并不介意，他在谈起自己的爱将时表示："弗兰克对于球队的凝聚力很有帮助，他走到哪儿就把活力带到哪儿。"在训练场上，里贝里也不忘记施展自己的"才华"，他的新队友们一同经历了法国人发起的"护膝大战"，球员们在训练后把一个个放在冰桶里浸过的护膝互相扔向对方，场面甚是欢乐。当然，幸运的是没有人受伤……

训练期间的里贝里非常专注，不过由于语言不通，他只能借助翻译与希斯菲尔德交流。老帅的真诚打动了里贝里，两人经常在酒店里侃侃而谈，这让里贝里感受到了教练对他的信任。希斯菲尔德说："其实弗兰克是个很好照顾的球员，只需要给予他足够的信心就可以了。你需要经常找他聊聊，因为他很在意与对方的沟通。与里贝里的交流对我也很重要，我能知道他平时做了哪些事，其中哪些事是正确的，哪些事是不适宜的。另外，我也能了解他对新环境是否适应。总而言之，这些谈话对我俩都很有帮助。"

在与瑞士球队FC沙夫豪森的热身赛中，里贝里首次身披拜仁球衣出战，他清晰的头脑、极具活力的表现以及出众的力量令人印象深刻。虽然没有进球，但里贝里的表现已经很清晰地告诉人们为什么赫内斯和鲁梅尼格会想尽一切办法来签下他。

训练营结束后，里贝里总算有时间可以在慕尼黑四处逛逛了。为了帮助这位小老弟尽快融入慕尼黑的生活，拜仁队中的法国大佬萨尼奥尔像老大哥一样关心着他，他不仅带着里贝里参观城市的各个景点、邀请他吃饭，同时还经常扮演起翻译的角色。里贝里很开心有萨尼奥尔在身边，毕竟萨尼奥尔已经在拜仁效力了7年之久，可以说是自己的最佳领路人。萨尼奥尔还告诉了里贝里很多关于拜仁的事情，比如俱乐部的运营和传统等等。

在马克西米安大街的凯宾斯基四季酒店，里贝里独自居住了几个星期，他的妻子瓦西芭整个夏天几乎都留在法国的家中照看孩子。在这期间，瓦西芭曾来慕尼黑探望过里贝里几次，她还一同出席了丈夫6月份的见面会。闲暇时，里贝里与妻子经常会在城市里逛逛，两人很快就成为了市中心奢侈品店的常客。9月份的时候，小两口儿终于决定在绿森林地区找一栋新房子，瓦西芭将搬过来与里贝里团聚了。

瓦西芭对搬到德国并不反对，因为他们原本只计划在这里生活两三年的时间，然后里贝里将转会去更大的俱乐部。不过瓦西芭很快就被这座城市深深吸引，她很享受这里的宁静和安全感，尤其是马克西米安大街的独特魅力令人着迷。他们位于绿森林的新房子是里贝里自己看中的，外观简约典雅，各种现代化的家具样样俱全。

在球队里，范比滕给予了里贝里无微不至的帮助，两人的关系也越来越亲近。里贝里很开心能结识这样一位好朋友，这个比利时人曾在2001—2004年效力过马赛，而且又会讲法语，这让两人之间有了很多的共同话题。由于里贝里不会讲德语，因此在与队友们的交流中，一次次不厌其烦充当翻译的范比滕可帮了他不少大忙。

当时在拜仁队中除了萨尼奥尔之外，里贝里还有一位法国同胞伊斯梅尔，不过由于两人都因伤缺阵长达数月的时间，因此范比滕逐渐成为了里贝里私下最亲密的伙伴。当时里贝里还没有搬进绿森林的新房子，瓦西芭则暂时留在法国照顾孩子，因此在闲暇之余，里贝里经常会找范比滕一起消磨时光。"我和弗兰克非常聊得来，"范比滕说，"我们经常聊起效力马赛时的往事，很快我们就无话不谈了。里贝里经常跑到我家来玩，那时候他看不到法国电视台，因此常常来我这里看法甲联赛。要么我们就是先订好比萨，然后在索尼游戏机前大战好几个小时，简直其乐无穷。有些时候由于足球节目时间太晚，他干脆在这里过夜，几周之后我俩就成了死党。当然，很幸运的是我的太太没有介意。"

加盟拜仁以后，里贝里无时无刻不在享受着这里的生活。训练比赛之余，里贝里的一大任务就是学习德语，他每周都会与卢卡·托尼去上德语课。一开始，里贝里还很难说出完整的句子，不过在一小段时间以后，他至少掌握了球场上的一些关键词汇，比如"Hintermann（传球）"和"LEO（让我来）"。借德语课的机会，里贝里与托尼也很快熟识起来，两个人经常会去市中心的意大利餐厅享受美食。

在这期间，里贝里时常会接受法国媒体的采访，他对于加盟拜仁深感荣幸，不过同时也会暗示对球队转会政策的不满。里贝里一次次地呼吁自己的东家应该买些新球员，比如"佛罗伦萨门将塞巴斯蒂安·弗雷是卡恩最理想的接班人，杰雷米·图拉朗能够加强球队的中场实力"。

里贝里甚至还憧憬着金球奖，这是任何一个球员都梦寐以求的足坛最高荣誉。每当谈论起这一话题时，里贝里的眼睛总会闪闪发光，他愿意为此付出一切努力。有一次回到法国时，24岁的他斩钉截铁地表示："我不会再去里昂或者巴黎圣日耳曼，拜仁的一切都井井有条，这里应有尽有。拜仁的规模要比马赛大10倍，在俱乐部你不需要担心任何事，只需要百分之百地专注于足球。拜仁高层为我提供了一间漂亮的房子，如果我有什么需求，俱乐部会一天24小时随时为我提供帮助。有时甚至在你没想到的时候，俱乐部已经知道你需要什么了。比如作为一名穆斯林，我必须吃清真肉品，而不管是在俱乐部餐厅、训练营酒店还是出征客场时，我的要求随时都可以被满足。这只是一个小小的细节，但拜仁从来不会忽视，从中你可以看到这家俱乐部的组织是多么完善。"

很快，一股"里贝里狂潮"席卷德国，他穿皮裤的照片登上了《体育图片报》的封面。几周后，在慕尼黑音乐厅广场上，一张里贝里巨幅海报的出现引起了轰动。在这幅海报中，里贝里身穿拿破仑式的国王服饰，上面写着几个大字："拜仁又拥有了一位新国王！"与附近的铁阿提纳教堂一样，这幅海报很快就成为了热门的旅游景点。

很明显，从来没有哪名球员能像里贝里这样迅速俘获拜仁球迷的心。场上的他是值得信赖的球员，而场下的他热情洋溢，深受大家的欢迎。对于这里的新环境，里贝里也感到非常满意。他喜欢大街上友善的人们，他们从来不会打扰到自己的生活。在马赛和伊斯坦布尔，里贝里无法出门逛街或者购物，因为总是会被球迷团团包围，而在慕尼黑则不会遇到这些问题。里贝里享受着悠然自得的惬意生活，他经常会去绿森林的一家名叫埃博利的意大利餐厅做客，那是他最喜欢去的地方。

里贝里的德甲首秀是在安联球场对阵罗斯托克，拜仁最终以3：0完胜对手。尽管没有进球，但是里贝里的表现赢得一片好评。他的德甲处子球出现在第2轮对阵云达不来梅，这场比赛简直成为了里贝里的个人秀。他在场上随心所欲地表现着自己，用精妙的盘带和犀利的突破完全搞蒙了对手，并靠一记轻巧的点球打入了自己的首粒德甲进球，"虽然我并不是很喜欢罚点球，但当时我觉得是时候让这个吵闹的球场安静下来了。我告诉自己要保持冷静，然后将球顺利送进了对手的球门。"

"弗兰克在拜仁的开局堪称梦幻，"希斯菲尔德回忆说，"当你来到一支新球队时，最重要的就是尽快证明自己。在拜仁与不来梅这场充满火药味的经典对决中，弗兰克充分展现了自己娴熟的技巧和团队配合能力，他很快就为拜仁注入了活力。"

　　德甲联赛给里贝里留下了很棒的第一印象，他尽情享受着这个联赛的乐趣。相比起法国联赛注重防守等待对手犯错的理念，德甲联赛要开放得多。这里的球队崇尚进攻，比赛大开大合，同时球场的氛围也无与伦比。在法甲，通常情况下只有两三支球队争夺冠军，而当时的德甲有很多非常出色的球队，不管是多特蒙德、沙尔克04、斯图加特、云达不来梅、汉堡或者勒沃库森，都有与拜仁掰一掰手腕的实力。

　　里贝里对于德甲联赛非常满意，因此他还呼吁其他法国队的队友来这里踢球，"如果有人问我，我会告诉他这里简直棒极了。不要再犹豫了，赶紧过来吧！这里所有的一切都会令你满意。"

　　巴斯蒂安·施魏因斯泰格回忆说："里贝里从赛季伊始就状态爆棚，他踢出了一个疯狂的赛季，在对阵不来梅时的表现令人难以置信。我是在2006年世界杯上才真正了解他的，不过2006年年初在迪拜训练营的时候，我们就曾在拜仁与马赛的热身赛中有过交手。我当时立刻感叹：上帝，这家伙太棒了！"

　　拜仁老队长卡恩也对里贝里赞不绝口，他曾在2007年和2008年与里贝里当过两个赛季的队友。"弗兰克是一位梦幻般的球员，"卡恩说道，"你甚至可以把他和齐达内相提并论，我从来没见过哪名球员能将技术与速度结合得如此完美，他绝对是一位可造之才。"

2007年9月，在做客德国ZDF电视台的一档电视节目时，人们再次感受到里贝里在拜仁过得有多么开心。这档节目有一个著名的射门游戏环节，要求是把3只足球全都射进特制墙板的球洞中。里贝里第一次就准确无误地将球射进了右下角的球洞，不过当他瞄准左上角的球洞起脚时，墙板竟然被他直接踢碎了！可想而知里贝里当时有多么尴尬，不过有一个人正在幸灾乐祸……原来，这一切都是波多尔斯基搞的鬼，他私下里让ZDF电视台把墙板做成了"易碎板"，结果里贝里果然中招了。就这样，波多尔斯基总算报了在多瑙艾辛根训练营的"牙膏之仇"。

在伊萨尔河畔的首个赛季，里贝里有着明确的目标：赢得德甲冠军，然后去欧冠的舞台上与那些顶尖的俱乐部好好较量一番。冬歇期时，拜仁以净胜球的优势压倒不来梅占据德甲榜首，里贝里距离自己的目标又近了一步。在拜仁的前半个赛季，里贝里的表现相当完美，他用一场场华丽的表演征服了德甲球迷，甚至在客场也会受到热烈的欢迎。当然，并不是每一家球队的球迷都对里贝里如此友好，比如2007年的12月2日，在拜仁客场对阵比勒费尔德的比赛中，主队球迷侮辱性的歌曲就激怒了他。当里贝里在第22分钟晃过对方门将马蒂亚斯·海恩为拜仁首开纪录时，他随即向比勒费尔德的球迷做出了闭嘴的手势，球迷的情绪再一次激化，之后里贝里的每一次拿球都会招来满场刺耳的嘘声。幸好，这只是唯一的一次。

一周之后，里贝里加冕了职业生涯首项个人荣誉的桂冠：

2007年法国足球先生。这一奖项由法国权威杂志《法国足球》创办评选，获奖者几乎囊括了法国足坛所有响当当的名字，比如齐达内、普拉蒂尼和帕潘等人。在里贝里获奖之前，亨利已经实现了该奖项的四连庄，而如今，众多法国记者和摄影师都拥到马克西米安大街的四季酒店，见证新科法国足球先生的诞生。

当天的宴会上，里贝里一边享用着美味的鱼肉意面配番茄酱，一边兴致勃勃地畅谈自己的慕尼黑生活。两小时的记者提问时间一晃而过，在轻松欢快的气氛中，里贝里接过奖杯，台下刹那间亮起无数闪光灯，捕捉着他那一刻难以抑制的喜悦。那一天里贝里显得格外放松，同时对每一项流程都非常耐心。在宴会期间，瓦西芭打来电话祝贺自己的丈夫，两人一起分享着这特别的时刻。四个半小时的活动结束后，里贝里仍然受邀接受了一家法国电视台的采访，随后与记者一同前往绿森林，在自己的家中进行拍摄。

棕色窗帘垂落在地，里贝里倚靠在精致的米色沙发上，静静欣赏着妻子美丽的身形，这一切都被捕捉进了摄像镜头中。瓦西芭显得喜悦而放松，她平静地讲述着自己与丈夫的点点滴滴："弗兰克从来不是个狂妄自大的人，因为他知道自己来自哪里。如果哪天他表现得飘飘然时，我会立刻提醒他，除非你取得齐达内那样的成就，你才有资格感到骄傲。"瓦西芭接着说，"弗兰克从来不希望我出去工作，他总是对我说，一直以来都是你陪在我身边支持着我，现在轮到我照顾你了，我绝不会让你缺少任何东西。"

2007年12月15日，在德甲上半程收官战中，拜仁与柏林赫塔0：0握手言和，赛后里贝里马不停蹄地乘坐拜仁安排的私人飞机奔赴巴黎，在法国影响力最大的足球节目《电视足球》（Téléfoot）①正式接受法国足球先生的殊荣。到场的嘉宾包括很多里贝里的亲人，他的父母、兄弟、妹妹以及很多青年时期的教练全都来到了现场。当《法国足球》主编热拉尔·埃诺特亲自将这一荣誉颁到他手中时，已经见惯了大场面的里贝里仍然有些受宠若惊。

现场随后播放了一部长达24分钟的关于里贝里的纪录片，看着画面上那一幕幕过往的场景，里贝里一时间百感交集，眼泪不受控制地盈满了眼眶。为了实现自己的职业足球梦想，里贝里甚至不知道自己到底战胜了多少阻碍，如今总算梦想成真。当天节目的主持人蒂埃里·吉拉尔迪在几个月后不幸离世，在2008年3月法兰西大球场对阵英格兰的比赛中，里贝里在打入进球后亮出了自己身上特制的T恤，上面写着"吉拉尔迪先生"。

颁奖仪式结束后，里贝里很想前往距离巴黎150公里的兰斯，他的弟弟将会在那里踢一场杯赛。不过在给赫内斯打电话时，赫内斯只简单地回复了一句："周一10点准时训练。"

2008年1月30日，里贝里来到我位于慕尼黑博格豪森的办公室，接受法国《队报》和RTL电台的采访。在两个小时的时间里，里贝里一直表现得非常职业，他耐心回答着听众提出的每一个问题，对法国与德国联赛之间的种种不同娓娓道来。不过随后出现的一幕令人忍俊不禁，也许是由于访谈进行的时间太久了，陪同里

---

① 法国TFI电视台著名足球节目。——译者注

贝里前来的一位朋友竟然在沙发上睡着了，一时间鼾声大作。这下，原本全神贯注的里贝里注意力被吸引过去，他忍不住放声大笑了起来，这段节目在法国播放了数月之久。

《队报》几天后对里贝里进行了长篇专访，主题是：里贝里在拜仁的地位。谈到自己在德国受欢迎的疯狂程度，里贝里用近乎道歉的语气表示："媒体总是把我团团包围，对此我也无能为力。"当谈到赫内斯表示"FC拜仁"可以改名为"FC里贝里"时，里贝里说道："这显然令我受宠若惊，不过我还没有那么出色，周围的人对我的赞誉实在太疯狂了。我很清楚自己的表现还能更上一层楼，而且我比其他人赚得更多，理应拿出更好的表现。"

此时的拜仁已经宣布，克林斯曼将成为球队的新任主帅。对于希斯菲尔德的离任，里贝里非常难过，毕竟两人的关系自始至终都十分融洽。谈到与里贝里之间的师徒情，希斯菲尔德回忆说："有一件往事令我难以忘怀。当我决定下赛季不再执教拜仁后，鲁梅尼格曾公开批评过我的轮换制度，他当时说：'足球不是算术题'，这番言论很快就成为了媒体热炒的头条。后来有一天我找弗兰克谈话，询问他最近的情况以及感觉如何时，他突然反问我说：'教练，我也有一个问题想问问你，最近的事没影响你的心情吧？'我对此感到非常惊讶，因为从来没有哪名球员这么问起过我。我告诉他不要担心，而这件事也让我们的关系更进一步。"

数天后，卡恩宣布了自己即将退役的决定，此时里贝里的"恶搞细胞"又开始活跃起来，要知道卡恩可还没上过他的恶作剧榜单呢！于是在某次训练结束后，里贝里与范比滕提着一大桶水爬上了总部大楼，范博梅尔负责在地下给楼上埋伏的两位做好接应。当毫无防备的卡恩从楼道里走出来时，范博梅尔赶紧打了个手势，只见一大桶水从天而降，卡恩顿时被浇成了落汤鸡。遭遇"伏击"的卡恩没有发怒，他十分冷静地赶紧又冲回了更衣室，只留下几位"肇事者"和其他队友的一片哄笑声。

"卡恩训练得浑身燥热，我们觉得应该让他凉快凉快！"范比滕幸灾乐祸地说道。

不久后，拜仁赢得了自己的第21次德甲冠军，这也是里贝里职业生涯的首个冠军。在客场对阵沃尔夫斯堡的比赛前，希斯菲尔德进行大规模轮换，里贝里没有随队前往，而是留在绿森林，坐在家里的沙发上享受着这来之不易的冠军。此后在柏林奥林匹克体育场，拜仁击败多特蒙德加冕双冠王，里贝里信心百倍地奔赴国家队报到，憧憬着即将到来的欧洲杯。

在德甲的处子赛季，里贝里在联赛中打入11粒进球，同时荣膺赛季最佳球员，这一切足以令里贝里感到自豪。

第 4 章　拜仁只是跳板？

欧洲杯来了，但等待里贝里的竟是一场噩梦。对于里贝里和他的法国队来说，在奥地利与瑞士举办的2008年欧洲杯就像一场灾难。在小组赛最后一场对阵意大利的比赛中，里贝里因右脚踝重伤早早退场，法国队最终0∶2失利，小组赛即遭淘汰。里贝里的伤势初步诊断为小腿骨折，不过事后证明纯属法国队队医的误诊。拜仁俱乐部采取紧急行动，将里贝里接回慕尼黑接受队医沃尔法特的检查。经过一番详细诊断后，里贝里在位于博格豪森的诊所内进行了左脚踝韧带手术，他将因伤休战两个月，即便是在度假时右腿也不得不绑上厚厚的石膏。

　　7月22日，拜仁在新帅克林斯曼的带领下展开赛季前的训练，安联球场一下子涌入了多达3万名球迷，而俱乐部也为这些球迷准备了一份惊喜。随着现场DJ史蒂芬·莱曼的高呼，拄着拐杖的里贝里出现了！是的，安联国王回到了慕尼黑，现场球迷一片欢腾。

　　在康复期间，里贝里始终观察着希斯菲尔德继任者的一举一动。他很快感受到了克林斯曼在面对球员时的感召力，这位新教练热衷于滔滔不绝地讲话。让里贝里感到惊讶的是，克林斯曼甚至可以用法语和自己交流，对此里贝里当然感到很开心。9月27日，里贝里终于迎来了复出的日子，但是拜仁却以0：1输给了汉诺威96。AWD竞技场的这场失利令里贝里既沮丧又担忧，对于克林斯曼所追求的战术理念，里贝里有些困惑。

3天后，里贝里顺利通过赛前体检，职业生涯中第一次踏上了欧冠的赛场，对手正是他在2006年夏天差点加盟的球队——里昂。安联球场的这个夜晚是如此美妙，当欧冠主题曲奏响的那一刻，当全场掌声和欢呼声雷鸣般响起时，里贝里几乎难以抑制自己心中的激动。虽然最终这场比赛拜仁只和里昂踢成了1：1，但里贝里已经对下一场欧冠迫不及待了。

2008年12月3日，拜仁CEO鲁梅尼格、主席赫内斯和财务主管霍普夫纳邀请里贝里与瓦西芭来到凯弗餐厅共进午餐，于是这一天里贝里拒绝了其他所有安排，他决定要好好犒劳一下自己。在用餐期间，里贝里与拜仁高层聊了一些日常话题，而拜仁高层则表示对里贝里近期的表现非常满意。对于老板们的这次款待，里贝里非常高兴："棒极了！老板们对我非常尊重，这令我深感荣幸。"不过尽管在拜仁一切顺利，但里贝里还是不想过早决定自己的未来，他对于续约的事情不置可否："我无法承诺任何事，在足球世界里一切皆有可能。很明显我在拜仁过得很好，但我仍然对一切可能敞开怀抱。现在我会把所有注意力专注于场上，其他的事情就交给我的经纪人来负责吧！"

与此同时，一些流言的出现，让拜仁的队友越来越担心里贝里会去寻求新的挑战。作为队中与里贝里关系最密切的队友之一，卢卡·托尼呼吁拜仁一定要尽力留住这位法国人，"拜仁必须想尽一切办法永远留住弗兰克，我坚信他很快就会成为世界最佳。看看里贝里在场上的惊人表演吧！他是独一无二的，世界上没有多少人有他这样的能力。"

拜仁在秋季赢得一波连胜，冬歇期来临前，他们总算在积分榜上追平了当赛季的黑马霍芬海姆，以净胜球略少的劣势排在第二位。

这一年的年底，里贝里第二次荣膺法国足球先生。获奖采访安排在绿森林的埃博利餐厅进行，苹果汁、鲑鱼薄片、鱼肉意面、熔岩巧克力蛋糕，各种美味佳肴应有尽有，现场一片其乐融融的氛围。里贝里坐在一位《法国足球》驻德记者的旁边，趁记者离席之际，里贝里偷偷把盐全都倒在了他的可乐里，当这位记者回来后一边往嘴里塞着东西一边喝了口饮料时，脸色瞬间就变了，赶紧全都吐了出来。随后，里贝里又趁着服务员送来另一杯饮料的时候，拿起了记者的手机，拨通了通讯录上记者父母的电话。里贝里在电话里抱怨了一通，要求他们赶紧为自己的儿子换个工作……当然，最后里贝里还是笑着向对方解释了这一切其实都只是个玩笑。

里贝里的生活看起来如此美好，不过在圣诞假期之前，里贝里体验到了苦涩的滋味。在世界足球先生的评选中，里贝里仅仅排名第16位，要知道这可是发生在他职业生涯最成功的一年之后，如此糟糕的结果是他无论如何也没有预料到的。这个排名已经宣告里贝里无缘获奖，他感觉自己就像吞下了苦涩的药丸。不过，对于自己梦寐以求的金球奖，里贝里从未放弃过希望。

迪拜冬训期间，里贝里闹出了自己有史以来最大胆的一次恶作剧。在当时拜仁体育主管克里斯蒂安·内林格的眼皮底下，里贝里"绑架"了球队大巴。他趁着大巴司机还没来的时候偷偷坐在了驾驶位上，打算开车绕着拜仁下榻的皇宫酒店兜上一圈。不过由于里贝里驾车转弯太急，短短几秒钟之后，大巴车就失控撞上了酒店门口的指示牌，坐在大巴前面的克林斯曼此时才意识到发生了什么。这起"车祸"把大巴车身上刮出了明显的划痕，也让酒店管理者非常不满，幸运的是，没有人因此而受伤。克林斯曼把它当作一个玩笑，"弗兰克只是想开个玩笑，还好没人受伤。"队友蒂姆·博罗夫斯基则被吓得够呛，"我们当时都吓得不行了。"赫内斯则有点不太高兴，"这次没出什么事就算了，但不能每天都这样。"

3月中旬，《队报》驻德记者接到了拜仁新闻办公室的电话，他们表示可以安排克林斯曼接受采访。不过在长达45分钟的时间里，采访主题完全与拜仁主帅无关，所有话题都围绕着一个人：里贝里。克林斯曼对里贝里大加赞赏，他称赞里贝里是了不起的球员，同时每天还保持着非常职业的工作态度。从克林斯曼的话语中，你可以感受到他对里贝里的器重与信任，不过另一方面，两人之间的关系其实并非那么融洽。里贝里对克林斯曼过于注重身体训练一直颇有微词，这一问题其实在拜仁球员内部也引起了怨言。另外，里贝里还抱怨自己缺乏队友的支援，同时对克林斯曼的战术理念也提出过婉转的批评："如果我们的防守能做得更好，那我在比赛中就能轻松一些了，不用频繁回撤参与防守，而把更多的精力投入到进攻中。"

4月4—7日，拜仁遭遇了赛季中最黑暗的日子，这也直接成为了克林斯曼下课的导火索。拜仁先是在德甲中耻辱性地以1∶5惨败给沃尔夫斯堡，又在接下来的欧冠1/4决赛首回合中，客场0∶4惨遭巴塞罗那羞辱。两场惨痛的失利让里贝里极为震惊，此时的他已经萌生去意，因为他意识到如果继续留在拜仁，那么欧冠冠军和世界足球先生这两大梦想可能都无法实现。

其实在对阵巴塞罗那的比赛前，里贝里就已经感觉不太乐观。他知道巴塞罗那是世界最佳球队，拜仁很难与之匹敌。虽然在比赛开始前，里贝里的表态依然积极，"在热身的时候，我感觉我们已经准备好了"，然而开赛还没多久，一切想法都被残酷地打消了。在加泰罗尼亚那个温暖的春夜，里贝里的心情却冷似冰窖。比赛结束后，里贝里与亨利在球场上交谈了很久，两名球员刻意捂着嘴，以防止其他人通过唇语来猜测他们在说什么。不过里贝里事后承认，亨利劝他离开拜仁才能实现自己的目标，同时告诉他不要太过担心，在不远的将来，他也会出现在众星云集的巴塞罗那。

从淋浴间出来以后，里贝里感到前所未有的沮丧。随后的日子里，他开始与另一家FCB（注：巴塞罗那的英文缩写也是FCB）"眉目传情"。里贝里说："有谁不想加盟这支球队呢？巴塞罗那踢得极具观赏性，他们每名球员都在享受着踢球的乐趣。对于我们来说，巴塞罗那实在是太过强大，我们在比赛中毫无招架之力。那场比赛的半场结束后，拜仁更衣室的气氛非常紧张。"

2008—2009赛季的拜仁最终一无所获，这使得里贝里更加坚定了离开的念头，因为现阶段的拜仁无法在国际赛场上有所作为。与此同时，曾在巴塞罗那踢过球的队友范博梅尔的一席话又将里贝里推上了风口浪尖，这名荷兰中场对西班牙电台表示："弗兰克想为巴塞罗那效力，而且老实说我认为他非常适合那里。如果巴塞罗那的高层签下弗兰克，那么将是一个非常明智的决定。"

2009年4月25日，在拜仁主场0∶1输给沙尔克04后，克林斯曼的拜仁主帅生涯走到终点。这场比赛中，心浮气躁的里贝里吃到两张黄牌被罚下场，这是他身穿拜仁球衣以来的第一次。"我的情绪失控了，因为我们踢得实在太糟糕了，我们在场上毫无办法。"里贝里甚至爆了粗口，"我非常沮丧，现在球队这种状况，实在太XX困难了。"

事实上，那并不是一次严重的犯规，但里贝里有一张黄牌在身的情况下，他本应注意自己的动作，避免第二张黄牌的出现。此刻里贝里的神经显然太过紧张，他的大脑完全被关于未来的各种猜测所占据，而且他自己都不确定下一站会去哪里踢球。

在克林斯曼下课后，拜仁聘请老帅海因克斯担任临时教练，直到赛季结束。踌躇满志的克林斯曼原本想在拜仁大干一场，但最终却遭遇了彻底的失败。不过做拜仁的教练就是这样，在这里你的目标就是赢得每场比赛，赢得每个赛季的德甲冠军，当球队只能排在积分榜第三位时，下课是在所难免同时也是符合逻辑的结果。因此对于克林斯曼的离任，里贝里并不感到奇怪。

接下来的几个星期，里贝里仍然被焦虑的情绪所包围。对阵沃尔夫斯堡和巴塞罗那的灾难性失利深深刺痛了他，他不再像过去那样开朗，他的心早已飘到了其他地方。在里贝里萌生去意时，妻子瓦西芭的意见也左右着他的想法。瓦西芭虽然原本对慕尼黑颇具好感，但这里的冬天实在太难熬了，所以她并不想一直住在慕尼黑。里贝里原本只计划在拜仁效力两年的时间，慕尼黑对他来说只是人生的中转站，在这一点上，他与瓦西芭早已达成了一致。比起岁暮天寒的慕尼黑，里贝里更渴望阳光明媚的巴塞罗那。

不过在拜仁换帅后，里贝里逐渐发现，新帅海因克斯与前任克林斯曼有着显著的区别，尤其是这位老师很善于和球员们进行沟通，同时也能够认真听取大家对于战术方面的建议。海因克斯对工作似乎有非常高的积极性，这给里贝里留下了很棒的印象，尽管在海因克斯的首堂训练课中里贝里就遭到了点名批评——在海因克斯讲话时，里贝里与托尼没有认真听讲而是互相打闹，这遭到了教练的训斥："作为球员，训练时必须要认真一些！"

"我的未来会在哪儿呢？"里贝里一遍又一遍地思索着这一问题，然后他抛出了一个重磅炸弹，迅速抢占了媒体的头条，"如果我们只能再次参加联盟杯的话，那么我很难继续留在拜仁。我很享受参加欧冠的乐趣，我希望与欧洲最棒的球员同场竞技。"

拜仁高层对里贝里的态度非常重视，4月底的时候，鲁梅尼格、霍普夫纳与里贝里的经纪人米利亚西奥和让·皮埃尔·伯内斯进行会面，地点是巴塞罗那。"我们已经表明了态度，无论他们如何施压，我们都无意出售弗兰克，他们很清楚这一点。"鲁梅尼格的态度非常强硬，"我期待着弗兰克下赛季继续为拜仁效力，皇马主席弗洛伦蒂诺确实与我们有过接触，但弗兰克是我们的非卖品。我们很自豪也很高兴弗兰克现在仍然是拜仁的一员。"

在海因克斯的带领下，一度站在悬崖边上的拜仁在最后5轮取得了4胜1平的出色战绩，最终惊险地拿到了下赛季的欧冠资格。不过，对于为同一家俱乐部效力从未超过两年的里贝里来说，这似乎还不足以说服他留下。此时的里贝里心意已决：离开拜仁，下一站，西班牙。

里贝里度假期间，赫内斯对他的未来再次重申："我们的目标就是动用所有力量留住弗兰克，但我们也意识到这将是一场残酷的战役。很多球队都对弗兰克垂涎三尺，但重要的是我们的态度不能摇摆不定，必须坚定地留住他，否则很快就会出现各种流言蜚语，然后他的经纪人就会抓住机会从中作梗。在8月31日转会窗关闭前，我们的立场会非常明确，然后我们甚至可以尝试与弗兰克续约，将他的合同延长至2011年以后。"

出道以来，里贝里一直可以决定自己的未来，因此即便现在效力的是拜仁，他仍然觉得一切尽在自己掌控之中。但里贝里很快意识到，赫内斯和鲁梅尼格是两个棘手的谈判专家，他的愿望可能没那么容易实现。"我们不会放走弗兰克，他是非卖品，够了！"鲁梅尼格再一次对媒体表明立场。

2009年7月1日，荷兰名帅路易斯·范加尔正式上任，他成为拜仁在短时间内就任的第三位主帅。里贝里心事重重地出现在塞贝纳大街的训练场上，此时的他满脑子都是转会的念头。对于新来的荷兰老头，里贝里显然没什么兴趣，首堂训练课开始还没几分钟，他就以脚指甲发炎为由退出了。媒体似乎嗅到了一丝异样的气味，不过鲁梅尼格很快给出了答复："我已经告诉弗兰克，下次训练的时候最好不要再穿新鞋了。在休假过后，最合理的还是穿上之前的旧鞋，现在很遗憾，新鞋导致他的脚指甲发炎了。"

一贯飞扬跋扈的范加尔可不吃这一套，他并不希望里贝里成为自己打造新球队的障碍，因此建议拜仁高层立即将其出售："我认为里贝里会尽一切努力让自己恢复健康，但是当我读到那些报纸时，我认为他的心思已经不在这里了。对于里贝里和俱乐部来说，现在双方都陷入了两难的境地，如果他想要离开，我们应该马上卖掉他，至少还有钱可赚。"

不过赫内斯可不这么认为，他依旧力挺里贝里。在赫内斯看来，里贝里在拜仁是独一无二的，甚至连主教练也无法改变这一点，因为谁都知道，拜仁是多么依赖这位法国球星。

在里贝里的选择中，只有回到法国不在他的考虑范围之内，"除非给我开2000万欧元的税后年薪。"里贝里开玩笑地说道。当然，如果是发生在现在的话，你就不得不提防着巴黎圣日耳曼的酋长先生，他的手提箱里可是装满了现金……

与此同时，各家媒体关于里贝里的去向报道则说法不一。西班牙《每日体育报》透露，里贝里将以4500万欧元的身价转会巴萨，双方还在就赫莱布当添头而讨价还价。英国著名的《卫报》则报道称，曼联已经为收购里贝里准备了5250万英镑，相当于7050万欧元的天价转会费，红魔打算把出售C罗给皇马的资金投入到里贝里身上。西班牙《阿斯报》甚至表示，里贝里已经在齐达内位于马德里的别墅旁边买了一套新房子，而齐达内本人则极力拉拢这位小老弟投奔皇马："我希望弗兰克能够转会皇马，签下他这样的球员绝对是好事一桩。皇马需要重新回到欧洲之巅，证明自己的价值，而里贝里无疑能给球队带来巨大的帮助。"值得玩味的一点是，里贝里与齐达内是相同的经纪人。

越来越多的流言蜚语让赫内斯有些坐不住了，他对媒体的各种煽风点火颇为恼怒。赫内斯发表了一份令人印象深刻的声明，他用大富翁游戏做比喻，将里贝里比作拜仁在城堡大道买下的豪华酒店，除非有人开出疯狂报价，否则拜仁绝不会将它出售。皇马主席弗洛伦蒂诺几个星期以来似乎一直在跃跃欲试，但是一切都只是表象。

弗朗茨·贝肯鲍尔也发表了意见，不过他的言论更像是与里贝里站在同一战壕里，"我不会让弗兰克离开，但是另一方面，哪个球员不想去皇马？你必须理解他的想法。老实说，我不知道如果皇马的攻势持续下去的话，拜仁还能不能挺住。与过去相比，当今足坛的球员并没有什么忠诚可言，这是很明显的趋势。如果他去意已决，你还能做什么呢？难道把他抓起来？"

处在转会风暴中的里贝里不忘向拜仁管理层施压："我们必须增强球队的每一个环节，我们需要一名出色的前锋，中后场也需要补强防守，这样我们的实力才能提升，从而在顶级赛事中保证竞争力。现在我们的球队还无法与巴萨、皇马、阿森纳或者国际米兰相媲美，这样的状况不能继续下去了。"

在里贝里的未来悬而未决的时候，他的家人起到了推波助澜的作用。里贝里是个顾家的人，一切都要从家庭出发。在绿森林，里贝里拥有一套漂亮的别墅，舒适的真皮沙发，甚至还有带桌上足球的游戏室。不过在过去这一年，他却常常只能与孤单为伴，瓦西芭经常会飞回法国住一段时间，相比慕尼黑，那里的气候可要好得多。

但拜仁高层的态度始终很强硬。"我们想要留住里贝里，"赫内斯说，"听说巴西球星卡卡被炒到了1.25亿欧元？那么里贝里至少价值1亿欧元！如果只是报价4000万欧元或5000万欧元的话，我们甚至连电话都懒得接。"

鲁梅尼格的态度也同样鲜明，"报纸上的那些转会传闻丝毫不会令我紧张，相反有些报道真是令我觉得好笑。里贝里与拜仁还有两年的合同，只有我们能够决定他的未来。我们的一大优势就是：主动权完全由我们掌控，没有什么解约金条款。在这件事上，我们非常冷静。"

里贝里意图转会的消息引来了越来越多的负面评价，球迷对他想要离开拜仁的念头很不高兴。贝肯鲍尔的一席话随后引起了轩然大波，他表示："里贝里并不在乎慕尼黑，毕竟他只是个法国人。"这番话令拜仁董事会为之哗然，甚至还登上了法国报纸的头版头条。拜仁高层迅速做出危机公关，他们把电话直接打到了瓦西芭那里，这一度令瓦西芭感到惊讶不已。随后不久，里贝里与瓦西芭出现在了赫内斯的办公室，拜仁向里贝里夫妇澄清了贝肯鲍尔言论所造成的误会，同时拜仁媒体办公室也发布公告，向里贝里与他的妻子发表道歉声明。拜仁的这份声明极具诚意，他们甚至还印制了一份法语版本递交给里贝里本人。

8月底，皇马抛出了他们的终极报价：现金加上范德法特、斯内德和罗本，总价值8000万欧元。但拜仁依旧选择拒绝，赫内斯说："我对弗洛伦蒂诺的回答是——只有十位数的报价我们才接受。"

转会期结束，里贝里最终留在了拜仁。在训练中，他仍然保持着非常职业的态度，不过由于和新教练范加尔并不合拍，因此他的情绪并不是很高。在接受《队报》的采访时，里贝里承认："这是我职业生涯第一次与教练相处得不太好。"里贝里拒绝担任范加尔安排的10号位角色，而他与皇马之间连续数周的"打情骂俏"则让范加尔感到恼火。在范加尔眼中，里贝里就像是个戏台上的女明星，两人之间几乎没有交流。

对于范加尔，里贝里至今的看法仍然没有改变，"从我们第一次见面起，我对他的印象就不太好。我们之间无法沟通，这令我感觉很不爽，在范加尔手下我过得并不开心。"

由于大腿肌肉问题，里贝里不得不再次休战10天。2009年9月中旬，在拜仁5∶1狂胜多特蒙德的比赛中，伤愈复出的里贝里打入了一粒漂亮的直接任意球，进球后他做出了一个令人意外的举动：冲向范加尔进行庆祝！这一幕瞬间引起了球迷和媒体的热议，里贝里与范加尔冰释前嫌了吗？

"看清楚了吗？我能不能做到？"里贝里甚至搂住了这位讨人嫌教练的脖子。里贝里的这一举动无须过多解读，这场比赛他被范加尔安排在了替补席，因为荷兰人认为他的身体还没有恢复到最佳状态。以替补登场进球后，里贝里以百米冲刺的速度奔向范加尔，兴奋地跳进对方怀里，巨大的冲力几乎让范加尔摔了个跟头。对于双方来说，这是一次象征着和解的庆祝。

此时范比滕越来越相信，自己的好哥们儿会留在拜仁，"拜仁有很多方面的优势。与很多俱乐部不同，拜仁的经济状况非常健康。里贝里跟我谈起过他在伊斯坦布尔的经历，欠薪事件仍然令他心有余悸。"

只可惜好景不长，里贝里随后再次陷入了无休止的伤病之中，先是跟腱，然后是膝盖，最后是内收肌。10月4日，里贝里收到了糟糕的诊断结果，由于左膝肌腱炎，他的2009年提前结束了。拜仁队医把里贝里从头到脚查了个遍，最后把他送到了牙医那里。"有时候炎症并不是由于发炎的部位出了问题，而是其他地方，比如口腔。"慕尼黑的牙医约翰·莱赫纳说道，很多拜仁球星都曾在他这里治疗过类似的问题。

接下来的几场比赛，里贝里不得不坐在看台或者自家的沙发上为球队助威，他亲眼见证了拜仁在欧冠生死战中的绝地反击，4∶1击败尤文的那场比赛，也让拜仁惊险地闯进了淘汰赛。整个上半程，里贝里只为拜仁出场了9次。在半程收官战5∶2大胜柏林赫塔的比赛前，从膝盖肌腱炎中恢复的里贝里原本计划复出，但由于脚趾疼痛，他只能继续作壁上观。

冬歇期开始前，赫内斯首次谈到了里贝里在2010年夏天转会的可能："如果弗兰克在春季不与我们续约的话，那从经济上考虑，把他强留到合同结束是不负责任的。如果他在2011年自由转会，那意味着我们会损失5000万~6000万欧元。"

尽管前途未卜，但里贝里仍然不忘施展自己的搞怪本领。在慕尼黑的一条商业步行街上，他竟然跑到商店橱窗里假扮起了服装模特。正当路人静静围观的时候，里贝里突然变身吓了大家一跳，"我被人盯着看了足有5分钟，然后我变身的那一刻可把他们吓坏了，然后大家就哈哈大笑起来。我觉得非常有趣！"

第 5 章　多事之年

送走了伤病缠身的2009年，里贝里在2010年的一开始仍然不太顺利。虽然困扰他许久的左膝肌腱炎终于痊愈，但在迪拜冬训期间，里贝里双脚的大脚指甲却再次发炎。

　　"里贝里的拜仁时光只剩下最后5个月？"这是法国《队报》在1月1日的头条标题。里贝里的经纪人米利亚西奥暗示，无论是在今夏走人还是在明夏自由转会，皇马都将成为里贝里的下一站。

　　里贝里本人对于转会同样持开放态度。在他看来，拜仁下赛季或许能够夺得国内双冠王，但是在欧冠赛场，皇马、巴萨、切尔西和曼联才是冠军的有力竞争者。不过接下来几周发生的一切，让里贝里意识到，自己低估了这支球队的潜力。

　　在苦苦等待了112天之后，联赛第19轮拜仁对阵不来梅的比赛中，摆脱伤病的里贝里终于迎来复出，他在第68分钟替换奥利奇出场，而球队最终也以3：2取得胜利。这场比赛之后，里贝里的复苏势头越来越猛，同时球队在欧冠中的表现也令他喜出望外。里贝里忽然发现，自己的球队完全可以与其他欧洲豪门相抗衡。拜仁在淘汰赛中惊险拿下了佛罗伦萨，随后又在1/4决赛中经历了荡气回肠的一战，最终淘汰曼联挺进半决赛。这一天恰逢里贝里的27

岁生日，拜仁高层送给了他一件特别的礼物：一支钢笔。这份礼物的意义不言而喻：只要里贝里愿意，他随时可以签下与拜仁的续约合同。

就在一切都朝着顺利的方向前行时，2010年4月20日，一条爆炸性新闻轰动足坛，《队报》以"火山爆发"为标题对此进行了报道。报道中写道，在南非世界杯开赛两个月之前，两名法国国脚因涉嫌在巴黎著名夜总会扎曼咖啡厅与未成年妓女发生性关系而遭到警方调查。在这起事件中，里贝里一开始作为知情人接受警方问讯，不过随后他公开承认，自己与摩洛哥裔妓女扎西娅·德哈尔发生过数次关系。由于当时扎西娅只有17岁，按照法国的法律规定，与未成年人发生性关系是违法行为，里贝里一下子惹上了大麻烦。不过扎西娅明确表示，里贝里当时并不知道她的真实年龄。

在"雏妓门"事件曝光后，不仅仅是法国足球界大为震惊，许多政客也开始炮轰涉案球员，他们呼吁国家队应该永远开除里贝里，因为他玷污了高卢雄鸡的神圣球衣。除了舆论的压力，里贝里甚至还面临着3年牢狱之灾的危险。

扎曼咖啡厅位于香榭丽舍大街，事发后这里大门紧闭，黑色的窗帘挡住了外面窥探的视线。里贝里与扎西娅就是在这里结识，当两人发生关系时，他对扎西娅的年龄一无所知，并且也不知道对方是需要付费的特殊职业者。里贝里对调查人员说："这个女人来找我上床是因为我很有名，同时也很有钱。"

2009年4月，里贝里的一位名叫卡梅尔的朋友安排扎西娅与另外一个年轻女孩来到慕尼黑，她们在一家豪华酒店与里贝里见面。事后里贝里给了两个女孩每人100欧元，然后就回家了。事实并不是像扎西娅所说的那样，里贝里给了她700欧元作为报酬。

"她在撒谎。"里贝里表示。里贝里的律师则认为，媒体是在故意煽动情绪抹黑球员，同时在无罪推定的情况下，足协予以处罚并不合理。

几个星期后，里贝里做出表态："我希望人们忘记这件丑闻，但是我也知道，作为公众人物，人们在时时刻刻关注着你。一旦你陷入到麻烦当中，你很难在没有帮助的情况下脱离困境。"

对于拜仁来说，这起事件显然也是非常不愉快的，当球员与妓女这两个名词牵扯到一起时，给俱乐部的形象带来的影响永远都是负面的。不过尽管丑闻缠身，拜仁还是给予了里贝里足够多的支援，尤其是赫内斯依旧在支持着他："我认为如果弗兰克因此被开除出国家队的话，那将是非常荒唐的。"

"雏妓门"事件对于里贝里的未来产生了巨大的影响，虽然在此之前皇马在夏天签下里贝里的交易几乎已经板上钉钉，但事发后，皇马主席弗洛伦蒂诺与里贝里主动划清了界限。皇马主席深知俱乐部形象的重要性，他无法忍受一位球员会因为场下的丑闻而不是场上的成就登上小报的头条。

在法国，里贝里因为"雏妓门"事件开始被当作怪人。根据一项调查显示，90%的法国人赞成将里贝里开除出国家队。扎西娅成为这桩丑闻的唯一受益者，她很快在网上拥有了自己的个人主页，上面贴满了她在巴黎时装周走秀以及在迪拜度假的照片。扎西娅因为此事名声大噪，她的职业生涯也向前迈进了一大步，如今的她已成为了一名内衣模特，并且拥有了属于自己的品牌。

在这桩丑闻被公之于众的几个小时后，里贝里踏上安联球场，迎来了欧冠半决赛首回合与里昂的比赛。拜仁球迷仍然向他致以热烈的掌声，然而噩梦还在继续。当比赛进行到第37分钟时，在坐在VIP包厢的妻子瓦西芭眼皮底下，里贝里因为对利桑德罗·洛佩斯的粗野犯规而被直接红牌罚下。终场哨响之后，里贝里带着瓦西芭迅速离开球场，消失在夜色中，他实在不想再去面对媒体记者的长枪短炮。

作为里贝里青梅竹马的伴侣，虽然爱人犯下大错，但瓦西芭仍然在支持着她的丈夫。夫妻之间的幸福比一切都更加重要，无论发生了什么，即便是在令人煎熬的时刻，这样的相互扶持都显得尤为重要。面对媒体，瓦西芭从来没有指责过里贝里，此后她从安联球场彻底消失，并且几乎再没有与里贝里一起在公众面前亮相。直到数月之后事态逐渐平息，瓦西芭才重新出现在了安联球场的看台上。

鲁梅尼格说："众所周知，拜仁一直是个大家庭。弗兰克明白，在这种时刻，俱乐部一定会百分之百站在他这一边，我们非常尊重他的隐私。"拜仁体育主管内林格也非常关心里贝里："弗兰克现在情绪很低落，我们必须想办法让他振作起来，帮助他走出困境。弗兰克现在所需要做的就是闭上眼睛，让这件事过去吧。我觉得大家可以换位思考一下，他的隐私其实被过分利用了。"

塞贝纳大街一时间记者云集，但他们的兴趣都与足球无关。《巴黎竞赛画报》的记者甚至整整一周都在搜集着各种资料，报道这起事件的细枝末节。在"雏妓门"事件曝光两周之后，里贝里终于打破了沉默："这件事伤害了我的家庭，以及我身边的人。这就是我想说的全部。"

"对于我们所有人来说，这都是个艰难的时刻。"范比滕回忆说，"我的妻子希望能够帮助瓦西芭，不想让她觉得孤单无助。这件事被谈论得太多了，远远超出了事件本身。当时弗兰克与瓦西芭之间也交流了很多，瓦西芭信任她的丈夫，而不是相信那些报道，他们希望一起努力度过困境。朋友之间并不只是共同享乐，更重要的是在患难中相互扶持。无论发生什么事，我都百分之百地支持弗兰克。"

作为里贝里的恩师，费尔南德斯很清楚地知道里贝里是如何走出了困境："2010年时，弗兰克身上发生了太多了不起的事，这让他迷失了前进的方向，此时的弗兰克走上了一条错误的道路。幸好他最终挺了过来，并因此变得更加强大。这要感谢他家人的支持，但同样也要感谢拜仁。我要向赫内斯和鲁梅尼格脱帽致敬，如果里贝里当时效力的是其他俱乐部，那他将会遭受非常大的压力，恐怕很难再缓过来。不过拜仁高层从来没有放弃弗兰克，从来没有。如今的弗兰克是世界最佳球员之一，他会因此而感激拜仁。"

虽然丑闻缠身，但里贝里在慕尼黑仍然很受欢迎，德国很少有人对球员的私生活感兴趣。不过在里贝里的法国老家，他却经历了煎熬的时期。"我不明白为什么遭到指控的球员仍然可以入选国家队。"法国足协前主席费尔南·杜肖索伊说道。体育部长罗塞琳·巴切洛也持类似的观点："里贝里现在法律问题缠身，这很难与国脚的身份相匹配。"

里贝里一方面面临被法国队开除的危险,另一方面,司法机关的调查也迫在眉睫。两名《法兰西晚报》的记者对此事展开深入研究,他们计划出版一本名为《里贝里的阴暗面》的新书。对于这些来自法国的不善行为,拜仁高层非常不满。

此外,拜仁还在努力争取对里贝里的欧冠红牌从轻判决。由于对阵里昂的红牌,里贝里被欧足联禁赛3场,他将因此而无缘欧冠决赛。鲁梅尼格想尽了一切办法,他甚至上诉体育仲裁法庭,请求让里贝里出现在5月22日的伯纳乌球场,届时拜仁将与国际米兰争夺欧冠奖杯,"我们会全力争取,这是为我们自己同时也是为弗兰克本人讨个说法。"然而最终于事无补,里贝里的停赛处罚维持在3场不变。

现在回想起来,拜仁最终的失利与里贝里的缺席有着莫大的关系。贝肯鲍尔认为,如果里贝里当时在场的话,拜仁绝对不会输给对手。在那场比赛中,球场的每一个角落都能感受到里贝里缺阵所带来的影响。

不过,在这些动荡不安的日子里,来自拜仁的支持让里贝里感受到了俱乐部的温暖。欧冠决赛之后,里贝里终于决定与拜仁续约,双方签订了一份为期5年的新合同,年薪达到了税前1000万欧元。里贝里成为了德甲历史上年薪最高的球员,这再一次体现出了拜仁高层对他的重视。

在欧冠0∶2输给国际米兰的比赛结束后,拜仁仍然举行了庆祝仪式答谢球迷。在慕尼黑市政厅的阳台上,在玛丽安广场超过2

万名拜仁球迷面前，里贝里亲自宣布将与拜仁完成续约："未来5年我仍然会效力拜仁！"对于拜仁来说，这无疑是一个伟大的赛季，虽然没能拿到欧冠奖杯，但他们夺得了联赛和德国杯的双料冠军。

"我经常自问，我到底是个法国人还是个德国人。"对于自己在德国的受欢迎程度，里贝里如是说道。鲁梅尼格则表示："我们非常高兴能够与世界最佳球员之一完成续约，这对于实现拜仁未来几年的目标也是一笔重要签约。"

虽然"雏妓门"事件在慕尼黑余波未平，但作为球员的里贝里越来越被球迷和媒体推崇，而自从里贝里穿上拜仁球衣以来，德甲联赛在这些年已经脱胎换骨。不过与在德国相比，里贝里在法国的境遇可谓天壤之别。据世界杯前来自法国的一项调查显示，只有67％的民众反对将里贝里开除出国家队，而25％的人要求将他扫地出门，整个国家都像打了鸡血一样关注着里贝里在南非世界杯前的一举一动。

对于即将到来的世界杯，里贝里表达了对于国家队球衣的尊重："我为自己是法国人而感到自豪，我一直都很乐意为自己的祖国踢球。为国效力是种荣誉，当我身披法国蓝衫的时候，我总是会拼尽全力绝不懈怠。我期待着南非世界杯，希望我们会取得成功。"

然而，这届世界杯并非如里贝里所期盼的那样顺利，甚至令所有人大跌眼镜。在小组赛阶段，法国队先是0∶0战平了乌拉圭，随后又以0∶2输给墨西哥，仅仅两场比赛之后，法国队就几乎跌入深渊。作为队中的核心，里贝里被认为是法国队战绩不佳的替罪羊，他在两场比赛中没能扮演好指挥官的角色掌控全局，一贯擅长的高速盘带也在对手面前完全失灵，他在场上几乎找不到存在感。法国队主帅多梅内克原本就不怎么受欢迎，而此时的他更是如坐针毡，饱受外界的批评。法国队的队内气氛前所未有的糟糕，从球员的比赛态度与场上表现来看，这支球队已经没有什么希望，不管是门将还是前锋都毫无指望。如此糟糕的情况让里贝里受到了明显的影响，他显得有些心灰意冷："我们很悲哀地发现，如今每个人都把我们当作了笑话，这让大家很伤心。我们踢得根本不像一支团队，每个人都在场上各自为战。"

屋漏更遭连夜雨。2010年6月19日，法国队爆出惊人内讧，阿内尔卡辱骂多梅内克的事件被媒体曝光。《队报》甚至直接用阿内尔卡的脏话来作为头条标题："你这个臭不要脸的！"这一幕发生在两天前对阵墨西哥的中场休息时，当时多梅内克在更衣室批评阿内尔卡在场上毫无作为，没有与队友们一起努力做好防守工作。头脑发热的阿内尔卡随即破口大骂，然后多梅内克回应道："好了，你可以走人了。"下半场一开始，多梅内克就用图卢兹前锋吉尼亚克将阿内尔卡换下。

《队报》夸张的标题让他们在当天创下了大约55万份的销售纪录，中午刚过所有报纸就被抢购一空。在这起事件被证实以后，法国总统萨科奇坐不住了，他出面发表了讲话："这是不可接受的。"阿内尔卡随后被开除出队，他被要求即日起离开训练营。法国体育部长罗塞琳试图平息混乱局面，她安排了一场有队长埃弗拉、多梅内克和法国足协主席让·皮埃尔·艾斯卡莱特斯参与的紧急会议，并在随后的声明中表示："阿内尔卡攻击多梅内克的言论完全不能被接受，这违背了法国足球和法国足协一直捍卫的道德标准。"

6月21日，法国足球迎来了可能是历史上最黑暗的一天。先是里贝里出人意料地出现在中午播出的法国最大足球节目中，镜头前的里贝里泪光闪烁，他试图解释自己从来没有与队友古尔库夫有过争吵，媒体所写的内讧传闻并不真实。几个小时后，事态进一步恶化。当法国队按计划抵达训练场后，队长埃弗拉与体能教练杜维内不知为何发生了口角，多梅内克上前试图将两人分开却无济于事。在激烈的争吵之后，所有法国队的球员都回到了大巴车上，他们拒绝参加训练，以此抗议阿内尔卡遭开除的决定，同时还联名写下了一份声明，上面写着罢训的原因以及球队对阿内尔卡遭到开除的沮丧与不满。

这起罢训事件被法国足协视作奇耻大辱，而对阵东道主南非的最后一场小组赛此时已经无人关心，尽管法国队理论上还有很小的可能晋级淘汰赛。对于球员们来说，当务之急是找到更衣室泄露秘密的"鼹鼠"，弄清《队报》的消息到底从何而来。里贝里表示："我们现在面临一场重要的比赛，但是球队中出现了内鬼，现在重要的是找到这个人，有些事原本应该留在更衣室里。当阿内尔卡被开除的那一刻，我忍不住流下了眼泪。"

法国队最终输给了东道主南非。在这场比赛前，所有球员都显得心不在焉，阿比达尔就以心态上根本没有准备好比赛而拒绝出战。比赛一结束，法国队几乎像逃跑似的飞回了老家，噩梦般的世界杯征程就此结束。

多梅内克的下课顺理成章，而新任主帅布兰克很快做出决定，在8月中旬法国与挪威的比赛中，他将放弃所有参加了世界杯的法国国脚。《法国足球》表示，这是对世界杯罢训事件导致溃败的集体处罚。

作为罢训事件的主要责任人，里贝里、埃弗拉和阿内尔卡分别遭到了法国足协的处罚，其中阿内尔卡被禁赛18场，埃弗拉被禁赛5场，里贝里则是3场。此时的里贝里几乎焦头烂额，一边是南非世界杯的罢训事件，另一边则是巴黎检察机关针对"雏妓门"事件对他提起的诉讼。不过里贝里并没有被开除出队，布兰克仍然把里贝里视作球队重要的一员。"过激决定不可取，"布兰克表示，"但如果谁不愿意接受我的规矩，那么不管这名球员是谁，请立刻离开球队！没有任何人例外。"

作为里贝里的布雷斯特队前队友和好兄弟，瓦努基亚回忆说："当时弗兰克在法国备受指责，幸好他效力的球队是拜仁，感谢上帝！弗兰克不理解为什么他在祖国被如此仇视，他的言论总是会被误解。每当我与他一起走在巴黎香榭丽舍大街时，弗兰克总是会遭到路人的挑衅。弗兰克原本只想尽力踢好一届世界杯，他也认识到罢训事件是个巨大的错误。"2010年年底，据法国发起的一份"最不受欢迎的法国人"的调查显示，里贝里名列第3位，仅次于两位政客。

在"雏妓门"事发后一年半，里贝里首次谈到了事件细节，他显得极为自责："这件事令我非常难过，我伤害了自己的妻子。你甚至无法想象我曾经对自己多么生气，我错了，而且是无法原谅的错误，我太过分了。我的妻子经受了很多折磨，她是我孩子的妈妈啊！对不起，我太该死了。我们在一起已经13年了，携手渡过了很多难关，并且在困境中变得更加强大，而现在因为我的愚蠢，一切都差点毁掉了。那些最爱我的人一直留在我的身边，相反，一些与此事毫无关系的人却对我横加指摘。"

里贝里在法国遭到了很多媒体的批判，在他们眼中，里贝里简直是个一无是处的家伙。对于这些攻击，里贝里无奈地表示："我觉得有些法国人恨不得我消失了才好，对此我真的无法理解。我不是什么圣人，也算不上特别有教养，这些我都知道，但我不是一个白痴。"

2014年1月30日，"雏妓门"事件最终的法庭裁定结果出炉，里贝里被宣判无罪。在宣判的当天里贝里没有出席，他是从律师那里听到了无罪的结果，当时他激动得甚至浑身都起了鸡皮疙瘩。

"弗兰克在生活中犯了错误，但这并不是刑事犯罪。"里贝里的律师感到很欣慰，"我们一直在为无罪宣判而战，这件事让很多人都受到了伤害，不过如今这一页总算翻过去了。"

扎西娅事件年表

2010年4月12日：法国警方秘密搜查扎曼咖啡厅

法国警方通过监听电话获悉，在巴黎东部中央的扎曼咖啡厅存在非法卖淫活动。随后警方展开搜查，大约10人在这次搜查中被捕，其中4人遭到指控，包括咖啡厅的经理、一名服务员和一名中间人。在听证会上，4名法国国脚的名字被供出，他们被怀疑是卖淫活动的客户，而涉案的一名妓女还未成年。

2010年4月17日："雏妓门"事件曝光

法国M6电视台率先报道了这起事件，《队报》一天之后开始跟进，这几名涉案国脚的名字很快被曝光：里贝里、戈武、本阿尔法和本泽马，他们是扎曼咖啡厅违法活动的客户。里贝里以证人身份接受了警方问讯，此时他应该已经承认了自己从2009年起与一名未成年妓女发生了关系，不过里贝里并不知道对方的真实年龄。

2010年4月21日：扎西娅证实警方指控

法国《世界报》刊登了听证会的会议纪要，扎西娅承认自己与戈武、里贝里和本泽马发生过性交易，具体时间是在2008—2009年之间，当时扎西娅还未成年。里贝里和本泽马面临3年监禁和4.5万欧元的处罚。

2010年4月29日：涉案人员恐遭世界杯驱逐？

法国国内对此事件展开论战，法国体育部长罗塞琳·巴切洛和法国体育秘书拉玛·亚德表示，遭到指控的几名涉案球员不应该出现在世界杯上。

2010年5月3日：里贝里、本泽马和戈武做出回应

在拜仁3∶1击败波鸿的德甲比赛后，里贝里首次公开回应了这起事件："这伤害了我的家人，其他的我无可奉告。"

2010年5月11日：扎西娅致信法国主帅

5月6日，扎西娅致信多梅内克，她希望几名涉案球员不会被开除出队。扎西娅表示："由于我的陈述以及警方的调查指控，这几名国脚已经不再被国家队考虑了，这一结果令我感到既吃惊又难过。这完全出乎我的意料！我从未对他们坦白自己的年龄，他们是诚实的，不应该遭到质疑。"

2010年7月20日：里贝里和本泽马接到警方问讯

尽管在南非世界杯期间这起事件几乎被遗忘，但它仍然没有结束。法新社报道称，里贝里和本泽马接到了警方问讯。

2014年1月30日：里贝里和本泽马被宣判无罪

里贝里和本泽马被宣判无罪，两名球员没有出席宣判会。里贝里没有发表评论，同时此事也最终尘埃落定。

第 6 章　绝境中的希望

从孩童时代起，里贝里就梦想有一天能够穿上法国队的球衣。2006年5月26日，这一刻终于来了：在距离德国世界杯还有13天的时候，法国队在巴黎的法兰西大球场和墨西哥队进行了一场友谊赛。里贝里在下半场替补登场，出任前腰。"我忘不了那一天发生的事，如同在昨天一般。那时我23岁，身边全是超级明星。不管怎样，突然得到齐达内、图拉姆、亨利、萨尼奥尔这样的球员的建议反而让我感到有些滑稽。"

　　里贝里让人耳目一新的足球风格打动了多梅内克。热情、积极、勤奋让他在高卢雄鸡获得了机会。连世界巨星齐达内都表露出了对这位新队友的欣赏："里贝里让生活充满快乐，他给大家带来积极的信号。他不斤斤计较，很少问问题，但会直率地表达出自己的感觉；他也是一个常常受到批评的球员，因为有时候人们对他净是不好的印象。但是他很强大，世界足坛会有他的一席之地。"

　　里贝里很快就走上了正确的道路，渐渐成为国家队的常客。他无忧无虑、不知疲倦地跟随高卢雄鸡参加比赛。这段人生中最美好的经历是这样开启的：2006年5月14日，他在马赛的自家花园里和兄弟史蒂芬一起玩球，当时他的父母、表兄和他待在一起。这时电话铃响了，里贝里得知自己被选为23人名单中的一员，将随队前往德国征战世界杯。太激动人心了！

那时，里贝里和齐达内是国家队中最受人喜爱的球星。他被邀请去参加各种各样的脱口秀，还担任过慈善活动的歌手。当法国代表队到达世界杯驻地哈默尔恩时，里贝里在当地有着很高的人气。他正实现着自己的梦想，并享受着每一秒钟。"我愿意为法国队踢任何位置——如果需要的话，守门员都行。最棒的莫过于和齐达内一起踢球了。这是他的最后一届世界杯了，世界杯之后他将结束自己的职业生涯。他常常给我宝贵的建议。我们总是能踢出疯狂的足球——因为在球场上，我们像瞎子般看不到多余的东西，心无旁骛。1998年世界杯决赛，当我看到齐达内梅开二度头球战胜巴西时，根本不敢设想自己会在8年后和他一起征战绿茵场。那时，我15岁。"

对于里贝里能迅速融入高卢雄鸡这件事，费尔南德斯一点也不感到吃惊。"当他第一次入选国家队时，人们都会对他的表现感到好奇。但我知道，他会在世界杯牢牢地占据一个首发位置，因为在热身赛中他就把握住了机会。他始终是主力，甚至包括世界杯决赛，"费尔南德斯说，"里贝里一直崇尚快乐，所以他继续着恶作剧。齐达内也一度成为他的受害者——很早的时候，在一次训练中，里贝里说：'嘿，齐祖，快看你的鞋带！'他与众不同！"

费尔南德斯正是里贝里和齐达内的伯乐。1988年，他从戛纳发掘出了齐祖，16年后又发现了里贝里。他说："对任何教练而言，能够和珠宝般的球员一起工作是天赐的礼物。齐达内和里贝里是我从业30年来指导过的最出色的球员。"

有人问："从踢球风格到个人性格来说，这两位明星球员都非常出色吗？"

"两位球员都很出色，"费尔南德斯立刻回答道，"无论与齐达内还是里贝里相处，我都十分开心。两位球员都很全面，也都很友好。从球员的角度来说，齐祖和里贝里都有极高的足球智商。他们都是让人无法预测的。"

在临近2006年世界杯的训练中，里贝里表现得异常出色，这让多梅内克冒着风险将他安排进在斯图加特迎战瑞士的首发名单中，这或许是他做出的最明智的决定，因为这场比赛的结果是与瑞士0∶0握手言和。尽管法国队在首轮的表现不尽如人意，但里贝里没有让人失望，他正一步步地进入角色之中。之后在对抗西班牙的比赛中，里贝里有了更大的突破。在0∶1落后于西班牙人的情况下，他吹响了反击的号角：在一次单骑闯关之后，里贝里打入了代表国家队的首粒进球。毫不夸张地说，没有里贝里，高卢雄鸡很难杀入世界杯决赛。

里贝里的好朋友、当时AS博韦队（Beauvais，第四级联赛）的后卫塞德里克·瓦努基亚说："3∶1击败西班牙队的比赛对他来说意义非凡。他为法国队扳平比分的进球是比赛的转折点。在那一刻，里贝里在法国的人气前所未有地高涨起来。"

1/4决赛中，法国队以出乎意料的表现1∶0战胜了卫冕冠军巴西队，半决赛用同样的比分拿下葡萄牙，紧接着的就是在柏林奥林匹克球场与意大利队的决赛了。决赛始终保持着均势，直至拖入点球大战。加时赛中，齐达内以头顶马特拉齐后红牌离场的方式结束了他的职业生涯。"我们本有机会取得这场决赛的主动权的，但当点球大战来临时，双方的机会就成了50%对50%了。尽管上半场比赛我们略处下风，但很显然，在中场休息过后包括加时赛，我们都是最好的球队。我们为人们带来了许多愉悦，法国人很久没有那么高兴了。"世界杯之旅对里贝里来说是美好的回忆和一次不错的体验。和齐达内一起踢球是里贝里儿时的梦想，当梦想真正实现时，这种感觉无以言表。弗兰克是最快乐的人，直到现在，他也会时不时观看2006年世界杯的DVD。

世界杯之后，里贝里已经成为法国国家队必不可少的一员。他的下一次大赛是2008年在奥地利和瑞士举行的欧洲杯。法国队没能从意大利、荷兰、罗马尼亚组成的死亡之组中突围。里贝里更是在第3轮对阵意大利的比赛中脚踝受伤，早早地回到了慕尼黑。

在2010年世界杯前，里贝里因为各种伤病缺席了不少比赛。尽管如此，他依旧是常规阵容中的一员。在这届世界杯十分糟糕又充满争议的表现后，里贝里被禁赛3场。在2010年南非世界杯的闹剧之前，里贝里和主教练多梅内克的关系实际上还算不错。多年来，里贝里都力挺这位从2004年就执掌教鞭一直到2010年的法国主帅。"雷蒙德·多梅内克是一名出色的教练，他给了我在法国队证明自己的机会。我不会忘记，是他让我成为了一名国脚。"

尽管在2008年之后，里贝里很少称赞他的主帅，但不同于其他队友，他依旧在批评声中支持着多梅内克。之后的奥地利、瑞士之旅让多梅内克受尽了羞辱：小组赛最后一轮0：2负于意大利之后，多梅内克并没有向人们谈及这场失利。取而代之的是，他在M6频道的节目中宣布自己将和女友结婚。他试图用这则喜讯转移大家对体育竞技的注意力，但显然他把事情搞得一团糟。第二天，他为自己的错误向大家道了歉。尽管如此，法国足协却带给他惊人的好消息。在球迷和媒体的阵阵"下课"声中，多梅内克被允许继续执教直至2010年世界杯。不过，法国足协对多梅内克的信任似乎是最大的错误……

南非世界杯早早出局之后，多梅内克在人们的视线里整整消失了一年，后来才慢慢开始参加一些扑克节目。最终，当名为《孤独一人》的自传出版时，多梅内克再次引发了骚动。他在书中对里贝里出言刻薄，还辱骂他为"敏感的女神"。他甚至写道："里贝里所做的一切让我恨不得把他吊死。"他一度提到里贝里是球队的毒药，并指责这段错误的友谊。他说当他想去感谢里贝里时，里贝里将他的手臂推开，说道："别碰我。"

当里贝里看到多梅内克的言论时，他的人生观崩塌了："我惊呆了。他在发什么神经？他是一名从未与我产生矛盾的教练。我俩在一起时他总是很开心，总是哈哈大笑。他时常对我说我是最重要的球员。他一点都不诚实，我再也不想和他讲话了。我也不想再见到他了，闹剧结束了。"

大多数法国人都不希望里贝里回到国家队，里贝里也知道新任主帅洛朗·布兰克正为此事困扰。他在2011年3月17日与里贝里面谈。布兰克多次前往慕尼黑，一方面是为了打击反对者的士气，另一方面则是希望能和里贝里面对面地交谈，来考察和引导他。布兰克甚至一度批评那些抵制里贝里的政客。

布兰克说："我难以理解那些指责里贝里、认为他不该入选国家队的政客。你必须停下来看看那些评价是多么的轻率。人们不应该如此轻易地下结论。这就是我的看法。"

但他也警告了拜仁飞翼："尽管并不容易，但里贝里必须注意自己的言行举止，否则我只能做出激进的决定了。"体育部长茹阿诺却表达了她的不理解："据我所知，里贝里先生至今还没有做出道歉。我对他被征召感到遗憾。"

4天之后，里贝里面临着职业生涯中最艰难的任务。他在法国队大本营克莱方丹（临近巴黎）召集了上百名法国记者。他用颤抖的声音念出了日志上的文字："2010年对我来说糟糕透了。我显然犯了许多致命的错误。但我还是想要强调一下，一些媒体的负面报道并不真实。如今，我为再次代表法国队出战感到骄傲。"

在2011年3月下旬对阵克罗地亚的热身赛上，里贝里重新回到了替补席。这是2010年风波之后，里贝里首度在法国父老乡亲面前出战。第59分钟，里贝里在一阵阵倒彩声中替补上场。但这些嘘声对他来说不是问题，他十分坚定，毫不动摇。随着比赛的进行，里贝里的感觉越来越好了。

但2011年夏休前，人们对里贝里的批评声又一次高涨了起来。在白俄罗斯进行的欧洲杯预选赛中，里贝里的表现水准欠佳。法国媒体指出，这已经是里贝里连续15场国家队赛事未能破门了，甚至还抨击他是场上的毒瘤。他必须更加有耐心，因为重新打动祖国球迷必定需要些时间。

距离2012年波兰和乌克兰欧洲杯开幕还有3个半月之时，里贝里所在的法国队在不来梅威悉球场迎战德国队。毫无疑问，这场比赛对他来说十分特殊。在德国的土地上，他的追随者远多于他祖国的。法国媒体和足球专家都希望他能在国家队表现得和在俱乐部一样出色。在法国队时，里贝里对教练组很有信心，但仍然不如在拜仁时那样轻松自在，因为他受着心理枷锁的折磨："我给了自己更大的压力，这不太好。我希望这一切都赶快过去，事实上我不应该那么着急。我的身体没有问题，我只是被别的东西困扰着。我的脑袋好乱。"

在威悉球场，他出场几分钟就受伤了，不得不被替换下场。

沉寂的里贝里终于在欧洲杯前的热身赛中爆发了。他在对阵冰岛的比赛中替补登场。要知道比赛前一天他才刚刚赶到瓦朗谢纳，还没来得及完成一次训练。布兰克原本没有打算让他登场，里贝里上书请战才有了这次出场机会。在距离里贝里家乡布洛涅180公里外的瓦朗谢纳，他仅仅用终场哨前的15分钟就扭转了局势。在法国队1∶2落后的情况下，里贝里上场后进球，比分扳为2∶2平，之后法国队再入一球，3∶2胜出，完成了大逆转。自2009年4月以来的整整3年之后，里贝里终于再次为高卢雄鸡打入进球了。他在埃诺球场纵情欢庆。

紧接着的两场比赛里，里贝里都踢出了世界顶级水准：在欧洲杯正式开始前，先以2∶0力克塞尔维亚，而后4∶0痛宰爱沙尼亚，在这两场比赛中他都纵情庆祝了。"我感觉出奇的好，这种感觉又回来了。现在我们完全可以自信地去参加欧洲杯了。"里贝里说道。法国队阵中大将，同时也是里贝里最好的朋友之一的阿比达尔同样认为，正是因为有了里贝里这样出色的球星，法国队很有夺冠的机会。

与英格兰、瑞典和乌克兰同组的法国队似乎实力更胜一筹，但2010年世界杯的闹剧就如同从未发生过一样，一些法国球员再次传出了丑闻。纳斯里，这名两年前还不在国家队阵中的球员的行为显然是最引人注目的。他在1：0击败英格兰的比赛里打进了制胜进球，而得分后的他用最低劣的手势羞辱了一名批评过他的法国记者。那名记者同样出现在了赛后新闻发布会上，媒体显然不会就此罢休。这一次，里贝里表现得很淡定。他必须是场上最镇定的那一个——毫无疑问，2010年世界杯给他上了一课。

2013年2月，法国队在巴黎的法兰西大球场再次对阵德国队。这是里贝里的第69场国家队比赛。在主场迎战德国队，让他更具话题性。突然间，里贝里又成为了球队的旗帜性人物，他的表现是法国阵中最出色的。在2012年7月接过布兰克教鞭的德尚表示，自己坚决拥护里贝里："他拥有绝妙的技术，我们无论如何都不可能放弃他。他成熟了许多。我需要他。"

里贝里在新的国家队体系中发展得很好。在杀入2014年巴西世界杯决赛圈的道路上，里贝里的发挥和进球功不可没。但让人不愿意看到的是，里贝里在法国人心目中依旧保持着负面形象。在《法国足球》杂志的调查中，仅有29%的受访者是里贝里的支持者，剩余71%的人对他还有所抵触。受访者中，69%的人还未能原谅他在2010年世界杯时的举动。而在德国，同样的调查却有着完全不同的结果：64%的德国人认为这名拜仁球星拥有的是正面形象。

里贝里显然对此感到生气："我只是想不太明白，在很长一段时间里我都十分内疚而努力，但依旧有很多法国人讨厌我，也不愿意承认我的成就。这太伤人了，我确实做了错事，可是谁能在一生中永远不犯错误呢？对我的攻击太过火了，我感受到了那种怨恨。"

里贝里的道路让人很容易联想起坎通纳的故事。这名法国球星在20世纪90年代时成为曼联球迷的偶像，但在他的祖国却充满争议。尽管坎通纳早已退役，但在16年后①的今天，人们依旧能在英超传统豪门曼联队的每场比赛中听到球迷唱起对坎通纳的赞歌。在法国国家队，他是最闪亮的明星，却也总是不守纪律，和教练冲突不断。1990年的世界杯预选赛，法国队在塞浦路斯尴尬地以1：1收场。赛后坎通纳辱骂当时的教练亨利·米歇尔"垃圾"。这招致了法国足协对他一年的禁赛。里贝里虽然没有坎通纳那么出格，但有些情况是相似的：他们都在各自的俱乐部得到球迷的尊崇。里贝里在拜仁所做的一切将会被载入史册，正如坎通纳在曼联的成就一样。但在法国国家队和他的家乡，人们可能不会认可他，就像坎通纳一样，虽然才华横溢，但其品格却始终无法在法国得到人们的喜爱。

---

① 本书写于2013年。——译者注

第 6 章　绝境中的希望　89

第 7 章　慕尼黑的法国佬

2010年8月，在令人沮丧的南非世界杯之行后，里贝里回到了慕尼黑。随着他与球队成功续约，里贝里又能全身心地投入到俱乐部之中。拜仁在他心目中的地位进一步巩固："拜仁是一家出色的俱乐部，高层都是彬彬有礼的精英。球迷对我难以置信的热情让我感受到自己就像在家一样。你要知道，我的小儿子就是在这里出生的。这些意义非凡的事情将我的生命与这座美妙的城市紧密地联系在了一起。"

几周之后，家住慕尼黑以南的施特拉斯拉市的里贝里与邻居之间发生了些小矛盾。里贝里将装垃圾的编织袋扔在了自家门前忘了处理，邻居对此愤愤不平。此次污染公共卫生事件甚至引起了拜仁俱乐部的介入，球队派人将里贝里家的垃圾清理走了。尽管如此，施特拉斯拉的市长汉斯·西内尔特却在里贝里家门前铺起了一条红地毯："我们很高兴里贝里和他的家人住在我市，这是一种荣耀呀。我并不担心垃圾事件，考虑到我们已经在他居住的街道建立起了垃圾回收站，从此以后就不会再有任何问题了。"

虽然有这样的小插曲，里贝里依旧感到自己很享受在巴伐利亚首府的生活。他的妻子甚至比以前更少旅行了，她开始熟悉慕尼黑这座城市和身边的一切。

2010年8月18日发生了这样的事：在塞贝纳大街的一次新闻发布会上，里贝里如此表示："鲁梅尼格先生、霍普夫纳先生、赫内斯先生都有着宽广的胸怀。你很难想象他们为我付出了多少。我想是时候让我回馈他们和拜仁球迷了。"他在新闻发布会上说的最多的一句德语就是："Schau mer mal."（"走着瞧吧。"巴伐利亚方言）里贝里甚至连讲话都开始像一个真正的巴伐利亚人了。

里贝里在慕尼黑的每一天是怎样度过的呢？

"我8: 30起床，洗完澡之后就去训练场了。我在那儿喝上一杯浓缩咖啡，但不吃早餐。之后和队友们一起训练、吃午餐。然后我把孩子们接回家，一天之中剩下的时间我都和家人一起度过。孩子们最喜欢进城购物或是去动物园了。如果有法国客人来访，我们就会去市中心吃饭，然后转悠转悠。慕尼黑是个很棒的城市，我喜欢慕尼黑人的心态。他们受过很好的教育，彬彬有礼。如果想要签名，他们不会像在法国那样让人感到烦扰。我在这个城市感到很安全，这种安全感对我家人来说非常重要。学校里的一切都为孩子们规划得很好。你知道吗？我的孩子们说德语可比我溜多了。俱乐部里的所有职员都十分和蔼、包容。这样夸起他们来，我还有点害羞。"

当他结束了训练，从慕尼黑城西的德法双语学校接了孩子之后，他总会抽出些时间给他的同胞们签名、合影。有时他甚至需要打电话给经纪人，因为索要签名、合影的人实在是太多了，他希望能满足所有人的愿望。"和孩子们在一起时他总是那么亲切又富有耐心。"和里贝里一样来双语学校接孩子的卡里姆说道。

巴伐利亚的格林瓦尔德是里贝里时常去的一家法式烘焙店。"我刚来慕尼黑的时候，威利·萨尼奥尔告诉我格林瓦尔德是一家很棒的法式面包店，这可让我高兴坏了。那里的羊角面包和在法国卖的一样好吃。"

显然，乌利·赫内斯是俱乐部中最关心里贝里的人。他们之间有着无须言语表达的信任。2007年当里贝里刚到拜仁时，时任董事会主席和总经理的赫内斯说："他看起来很害羞，很少与人交流。"那时的赫内斯知道，里贝里一定不曾想象过自己会在拜仁待那么久，"早些年的里贝里可能只是把拜仁当作一块跳板。"

一直以来，里贝里越来越多地发现，无论发生了什么，心胸宽广的赫内斯总能给予他支持。有一次，还在塞贝纳大街训练时，里贝里得知自己的第二个孩子即将出生。他走进了赫内斯的办公室问他，自己能否立即飞去法国北部陪伴他的妻子。赫内斯二话没说，帮他安排了私人航班。当天晚上，这个法国人就把自己的第二个女儿沙西内斯抱在了怀里。第二天，主教练海因克斯打来了电话问候母女的身体状况。"这一切都好得有点不真实呢。"里贝里说。

"雏妓门"曝光后，赫内斯感到懊悔不已，因为里贝里竟然没有事先通知他。这位拜仁大佬从电视上得知了这次事件，此时再想解决办法显然为时已晚。在里贝里人生中最低潮的那段时间，他常常去赫内斯的私人住所共进晚餐。他保证自己将来会永远坦诚相待。

里贝里与赫内斯维持着形同父子的关系。2010年的秋天，外界对荷兰教头路易斯·范加尔的批评声越来越响,这俩人早早地确立了同盟关系一起抵抗荷兰老头。事情的经过是这样的:那是2010年11月,里贝里刚从背伤中恢复。他需要通过比赛来找回状态,范加尔就此在塞贝纳大街安排了一场对阵翁特哈兴的测试赛。赛后荷兰人愤怒地抨击了里贝里:"里贝里根本没有尽力!他显得一无是处!我很不满意!我知道他的价值,但显然他现在非常差劲!一点水平都没有!我可不是为了我自己才安排了这场比赛啊!"

里贝里没对这次批评忍气吞声,他发泄了自己的沮丧:"如果只让我上场25或30分钟,那我永远不可能回到原先的水平,我需要完整的比赛。但我和教练的关系不太好,温纳总是说我的坏话,这让我更加难以赢得教练的信任了。我需要让他对我充满信心,相信我能做到最好。"

2011年4月10日,范加尔的下课让里贝里不再那么沮丧。海因克斯会在7月1日重新执掌拜仁,里贝里为此感到异常开心:"海因克斯在2009年4月和我们共处过5个星期,我对他很满意,我们的关系也很好。出于对他的尊敬,我很高兴他能再次来到塞贝纳。"里贝里欢呼道。

经过海因克斯几个星期的指导,里贝里又重新绽放了。在竞技场上与个人生活中双喜临门——里贝里的第一个儿子赛义夫于2011年9月在慕尼黑出生了;他左脚的伤势也恢复得比预计更快,在赛季准备期就能回归了。"和过去两年不同,我现在真的感觉很棒!教练给了我自信,我敢说现在是我职业生涯中最好的时期,每天都心情愉悦、状态出色。我的球队也是如此，大家都在向成功前进，我对未来充满了信心。"

海因克斯对他的7号不能更满意了。"弗兰克感到很舒服，当他状态出色的时候他能做到一切。球队处在一个平衡的状态，里贝里也能在踢球中获得快乐。"拜仁主帅说。

里贝里的第100场德甲比赛是主场5：0狂胜汉堡。里贝里在这场比赛中发挥出色，赛后他也毫不掩饰自己高兴的心情："我很幸运能得到教练的信任，为此我必须感谢我的教练，我们相处得非常好。"这明显是对海因克斯的赞誉，但他也用如此出色的表现间接回击了前主帅路易斯·范加尔。在荷兰教头手下，里贝里总是闷闷不乐。作为一个感性的球员和感性的男人，里贝里需要和主帅有直接的交流——否则他无法做真正的自己。

巴斯蒂安·施魏因斯泰格这样形容他的队友："里贝里的性格变得很棒。他是一个很认真的笑话大王。他渴望着胜利，这正是拜仁一直在追求的。不仅如此，他还很喜欢开玩笑，有一次他在一个队友的车子里放进了鱼。里贝里总是乐此不疲。我喜欢他，他很棒。"

里贝里和巴斯蒂安都是球场上的明星。尽管有时候在语言上有障碍，但现在他们相处融洽并且彼此欣赏。

2012年5月19日举行的欧冠决赛是一场在自家门口举行的欧冠决赛。拜仁的2011—2012赛季有一个大目标："我们渴望着这个冠军头衔，我们想要得到它。"这句话被赫内斯先生一遍又一遍地重复着。欧冠决赛对里贝里来说自然也是一等一的大事："我希望能梦想成真，我们会为此倾尽一切。德甲冠军和德国杯冠军对我们来说自然重要，但无论是对球员来说还是对球迷来说，欧冠都是更高的追求。我希望我们能够实现梦想。"这场比赛的获胜者会在安联捧杯，所以安联球场的球迷对里贝里的支持尤为重要。

里贝里对《体育图片报》说过很有意思的一番话："当我拥有完全健康的身体和清醒的头脑时，我可以做得和梅西一样好。"当时，许多专家和球迷看到这个头条时哈哈大笑。但事实的走向证明了里贝里也并不算夸大其词。

很显然，里贝里重燃了他的乐趣与野心。他为巴伐利亚战役吹响了号角："当里贝里健康的时候，对拜仁以外的任何球队而言都是个坏消息。"

德甲巨人要走的路还很长。海因克斯的队伍首先击败了苏黎世队晋级欧冠小组赛，之后拜仁被抽入了大家所能想象到的最困难的小组——真正意义上的死亡之组：曼城、那不勒斯、比利亚雷亚尔。

尽管如此，拜仁依旧取得了小组头名。在小组赛第5轮对阵比利亚雷亚尔的比赛中，里贝里用连做3个俯卧撑的方式庆祝了他的进球，但人们对此议论纷纷。"这是我和我兄弟的一个约定，如果我能在这场比赛中进球，我会做3个俯卧撑给他看。"当时在"天空体育"担任解说嘉宾的马蒂亚斯·萨默尔情不自禁地向法国人打了个赌：如果拜仁能在安联球场捧起欧冠奖杯，他会在演播室里连做七八十个俯卧撑。"我不知道我究竟能做多少个，应该比萨默尔先生多吧。如果我们真的能夺冠的话，我愿意和他一起做。"里贝里对这个决定感到有些激动。

淘汰赛阶段的前两轮对手巴塞尔、马赛都不足以撼动拜仁。对里贝里来说，前往普罗旺斯的客场比赛算是故地重游。赛前的新闻发布会上，里贝里用的完全是德语，思乡之情不见踪迹："我期待着这场比赛，我在马赛有过两年美好的岁月。"

在拜仁下榻的酒店，里贝里受到了马赛支持者们的热烈欢迎。但在韦洛德罗姆球场，一切又变得不同。3.5万名观众毫不客气地对他发出嘘声，甚至是辱骂，一分钟都没有停下。在2∶0击败马赛后，里贝里的情绪明显受到了影响："我对球迷的反应感到失望，感到震惊。我在马赛度过了美好的两年，但如今呢？90分钟的嘘声。为什么会是这样？我觉得这对我有些残忍和不公平，但我只能承受，这就是足球。"

"我更愿意向前看。我们很有机会夺取三冠王，这就意味着一点点错误都不能犯，否则就很难实现。我必须承认，我每天都幻想着在玛丽安广场和球迷一同欢庆三冠王。"

2012年4月，里贝里的父母来到了安联球场。显而易见，父母的出席对里贝里来说意义非凡。里贝里拥抱、亲吻了他们。在一张纪念照片上出现了写有"USBCO"字样的巨大横幅。这是里贝里家乡球队布洛涅足球俱乐部的缩写。他的父母不常来慕尼黑，但他的父亲会观看里贝里的每一场比赛。里贝里在2007年就离家前往德国踢球了，但这并没有困扰到老里贝里。相反地，他在这之中看到了儿子的巨大进步，无论是竞技上还是人格上，里贝里都变得更加出色。里贝里就此行走在德国冠军的成功道路上。

与他父母来到慕尼黑的次数相比，里贝里回法国老家的次数显得更加频繁，他每年会回布洛涅三四次。当里贝里和父母在一起时，他会去访问他的亲戚以及朋友们。里贝里和他们一起玩索尼游戏机，或是跑跑步……

半决赛时上演了巨人间的决斗——拜仁慕尼黑对阵皇家马德里。双方的首回合较量在安联举行，当比赛上半场临近结束时，拜仁赢得了一个前场任意球。里贝里准备主罚这个任意球时，罗本走了过来，说："如果让托尼·克罗斯来罚会更好。"两人就此吵了起来，施魏因斯泰格不得不上前将面红耳赤的罗本和里贝里分开。但是托尼·克罗斯把球踢到了人墙上，这让里贝里在中场休息的时候更加生气了。"好莱坞大片"在更衣室继续上演，球员们不得不上前将两人拉开。几分钟过后，大家仿佛什么都没发生一样重新踏上了球场，随后拜仁以2：1获得了比赛的胜利。当时里贝里是最先走出更衣室的球员之一，而罗本是最后一个离开的。罗本淡定地回到了比赛场，但他左眼下方有了一道瘀青，是比赛中被皇马球员的手肘暗算了吗？这时人们并不知道两名拜仁巨星间发生了些什么，直至第二天才真相大白。里贝里为自己的冲动向罗本和全队道了歉。海因克斯说："对球员来说，更衣室是新闻媒体接触不到的避难所，那里发生的一切就让它埋葬在那里吧。"3天之后，里贝里在对阵不来梅的比赛中收获了进球，他随即跑去拥抱了坐在替补席上的罗本，此次风波烟消云散。

在马德里伯纳乌球场进行的半决赛第2回合堪称"惊悚大片"，比赛直至点球大战才分出了胜负。德甲霸主向人们证明了内心意志力的强大，他们锁定了一张决赛入场券。在追随球队前往马德里的3000名球迷面前，里贝里和队友们忘情庆祝了许久。3年来，他们第二次进入了欧冠决赛，这位法国人甚至哼起歌来。总的来说，里贝里和球迷相当亲近。当他2007年加盟球队后没多久，里贝里就成为了安联球场最受人们青睐的球员。里贝里想要7号球衣，而过去7号球衣的拥有者是大名鼎鼎的绍尔，绍尔也很乐意将7号传给他的后辈。这并没有让拜仁球迷感到些许不满。在拜仁的每一年，里贝里都和其他拜仁球员一样遵循着传统，在圣诞节后来到球迷俱乐部和拜仁的会员们互动。2012年12月，他前往了帕绍（德国巴伐利亚州东部的一座直辖市）附近的辛巴阿姆因（德国巴伐利亚州的一个市镇）的罗克施恩。里贝里用他的友善、直率和幽默取悦了1000多名当地追随者。许多孩子也来了，多数都穿着里贝里的7号球衣。他们在铜管乐声中喝着啤酒，吃着土豆片。不少拜仁球迷是穿着皮裤来的。里贝里在一个小时内送出了几百个签名，一次手表都没有看过。"我觉得我那条手臂都要抽筋了，"里贝里在一天的活动临近结束时说道，"拜仁球迷都爱着我，我也爱着他们。我丝毫没有夸张，我们都是真诚的。我希望在每时每刻都让球迷感到开心。当我在场上时，我会展现足球技巧，盘带过人或是完成进球；而当我走下球场，我会用微笑来对待大家，送上我的签名和照片。"

"里贝里的到来让我们感到十分开心，"图本巴赫红牛球迷协会的主席鲁迪·格拉米尔说，"里贝里总是表现得那么棒，他很有趣、诚实、富有耐心，他就是个工作狂。"

里贝里在2010年遭受到了个人绯闻的困扰。同时，在2010年世界杯后受到了祖国球迷的排挤。但当他回到慕尼黑时，里贝里又立即投入到了拜仁球迷的怀抱中。在安联球场，他在每场比赛之后都忘乎所以地庆祝。在每一次出色表现或是进球后，球迷总是不会吝惜掌声，甚至当他在角球区附近热身时，拜仁球迷也会为他加油鼓劲。相对于比赛而言，很多球迷反而更关心里贝里的热身。

事实上，拜仁已经具备了夺取三冠王的一切了。里贝里几乎没有缺席任何一场比赛，但2012赛季的最后崩盘是灾难性的。多特蒙德豪取德甲两连霸，又在柏林奥林匹克球场举行的德国杯决赛中5：2击溃拜仁。

更糟糕的是，一周之后他们就将在安联球场进行的欧冠决赛中对阵切尔西了：这是里贝里俱乐部生涯最重要的一场比赛，也是自2006年世界杯决赛后职业生涯里最重要的比赛。

"多数人觉得我们会获胜，因为比赛就是在拜仁主场举行的。但我却始终坚信这并不容易。在我看来，这是拜仁这些年来最困难的一场比赛。因为我们拥有主场优势，压力会前所未有的大。我们需要保持镇定和自信，如果大家发挥出全部潜能，冠军头衔将会被我们收入囊中。我们熟悉这儿的每一寸土地，还有更衣室、球员通道。我们从马德里凯旋时起，整座城市都为此颤动了——慕尼黑渴望在家门口夺冠。这让人难以置信，我们渴望着一个完美的夜晚。"里贝里在赛前的每一天都感到兴奋。安联球场的门票早就销售一空，无票的球迷可以在场外大屏幕前观看比赛。

里贝里在两年前的马德里之夜遭遇禁赛，因此这将是他的第一次欧冠决赛。"那时，当我走进了体育场却只能够坐在看台观看时，我难受极了，几乎让人无法忍受。我已经准备好了，这显然是我俱乐部生涯最重要的一场比赛。我已经29岁了，也许这就是我的最后一次了。"

开场后，拜仁很快取得了主动权，破门机会一个接着一个。拜仁显然是在自家球场表现得更强势的一方。和往常一样，里贝里从始至终都出现在左路。他全身心地投入到了比赛之中，丢球之后也不忘参与防守。比赛进行到第15分钟时，拜仁获得了绝佳的破门机会。托尼·克罗斯在"小猪"施魏因斯泰格射门被扑出后补射，球从左门柱微微偏出。第21分钟，切尔西门将切赫又挡出了罗本8米开外的射门。如此看来，拜仁获得1974年、1975年、1976年、2001年之后的又一座欧冠奖杯只是时间问题了。但半小时之后，蓝军苏醒了：西班牙国脚胡安·马塔在第34分钟第一次打中球门范围。两分钟后，穆勒又错失了凌空抽射破门的机会。之后诺伊尔又不得不对卡劳在18码①处的射门做出扑救。比赛在中场休息前进入白热化的阶段，但马里奥·戈麦斯没能把握住两次绝佳的破门时机。里贝里表现得格外卖力，但显然今天的他不在最佳状态。

比赛进入了下半时，拜仁依旧保持着场上的优势。海因克斯的弟子们没有停止进攻，他们渴求着完成致命一击。当比赛还有7分钟就将结束时，拜仁做到了：托马斯·穆勒头球破门将比分改

---

① 英美制长度单位，通常换算方式为1码=0.9144米。18码约为16.46米。——译者注

写成了1：0。安联球场为此欢呼雀跃，大家都认为这粒进球足以取得胜利。但在第88分钟，迪迪埃·德罗巴同样用头球将比分扳平，比赛进入了加时赛。尽管你可以看到里贝里的疲惫和对失去奖杯的恐惧，他依旧为球队创造了一些机会——加时赛仅进行到第3分钟，里贝里在禁区内被德罗巴放倒。佩德罗·普罗恩萨在第一时间吹响了哨子，判罚了点球。罗本主罚，切赫扑出。几分钟之后，里贝里因为小腿抽筋而被替换下场。他在替补席上目睹了戏剧性的点球大战，尤其是施魏因斯泰格错失的最后一粒点球。

里贝里带着泪水离开了安联球场。他在地下室遇见了他的妻弟和表兄。他们紧紧地搂抱在了一起，哭泣了许久。许多亲友都从里贝里的老家布洛涅赶来观看了比赛，包括身着7号红色T恤的老里贝里。里贝里倚着墙，蹲在了地上，此时的他陷入了纯粹的悲伤。里贝里没有出席球队在王宫的宴会。他在2010年之后再一次错失了欧冠奖杯。已经是凌晨3点09分了，里贝里早早地离开了。他开车前往慕尼黑市内一个常去的地方——希戈餐厅（一家比萨店）。为了减轻内心的沮丧，里贝里需要换个心境。好在他慢慢地克服了失落，在法国国家队中又找回了自我。

第 8 章　边路狂魔——里贝里演绎

里贝里的青年时期和职业球员时期先后效力于梅斯、马赛和伊斯坦布尔的加拉塔萨雷，那时他都被当作进攻型中场使用。他经常出现在右边锋位置，有时也打前腰和左边锋。里贝里对自己的位置基本满意，最重要的是他能充分地参与进攻，并在场上有着很高的自由度。

拜仁高层在2007年7月将里贝里签下作为左边锋。拜仁的前主帅希斯菲尔德甚至有时候把他用作支点，当对方阵型回收时，里贝里能在最后三个防守队员中获得更多的空间。"里贝里集合了力量、耐力和智慧，这让拜仁的德甲对手们十分头疼。他永远不留一丝余力地奔跑。他飞速盘带过人，将球射向对手球门，一旦丢球了他会迅速回追，直到把球抢回来，"希斯菲尔德如此评价他，"在进攻端我们总是有着丰富的变化，所以球员们经常互换位置，但里贝里最常负责的还是左路。他的意志力惊人，唯一还需改进的是如何合理分配体能，他总是过度消耗。长此以往，这会成为一个麻烦。许多球员得到了持球机会，但无法完成进一步攻击，里贝里却时刻威胁着球门。"

通常里贝里试图甩开对手时，会先拨一下球再短暂停顿，让他的对手有机会面朝自己，然后加速完成突破。他在德甲的对手们早已对此研究了好长时间，对他们来说，被里贝里突破就如同被暴打一顿或是被洗劫一空。这让法国国脚踢得越来越困难，因为时常有两名甚至三名防守队员专门看防他。在比赛中，他永远是被特殊照顾的那一个。

在与沙尔克球员杰梅因·琼斯的对抗中还发生过有趣的小插曲。里贝里在比赛中喘息的时候让琼斯放慢速度，因为他充满攻击性的铲球似乎有些过分了。对此，这名沙尔克球员拍了拍里贝里的肩膀回以微笑。之后，俩人的对抗依旧频繁，但美国国脚对里贝里充满了尊重——不再有暴力动作了。赛后，他们握了手。里贝里说："刚来德国的几个月里，我被当作了主要打击目标。对手们很多时候是冲着我的人来，而不是球，我知道他们试图用一切办法对付我，以此赢得比赛。我感觉到我一拿球，对手就充满干劲地想来阻止我，从一定程度上我可以当作这是对我的认可。有时候，我察觉到我的对手们有些紧张，我自然会好好利用这一点。"

他的信条始终如一："相对于自己进球，我更喜欢帮助队友进球。最能让我高兴的就是看到我的队友在我的助攻下庆祝进球了。这是我比赛的方式。"

在里贝里加盟拜仁之前，他总会在赛季中段遭遇到伤病而停下脚步。他的身体没有那么出色，所以他需要通过一次次的休息从压力中恢复。来到拜仁慕尼黑之后，他的身体状态因为冬歇期的存在而得到了根本的改善。"来到慕尼黑的第一个赛季，我身体状态的持续性比之前任何一个赛季都要来得更好。冬歇期对我的帮助很大，身体得到充分的休息能够让我在度假中恢复自我。我始终感到

自己很强壮。我之前并不知道冬歇期这个东西，因为在法国我们的
比赛贯穿整个冬季，只有在圣诞节的时候能休息一周。"

里贝里在比赛中的跑动总是尤为引人注目。他在场上什么事
都做，除了傻站着。"如果我在场上有所保留，那一定是我遇上
了麻烦而变得虚弱了，比如受伤或是流感。比赛中，我从不会质
疑自己，我只会凭着直觉踢球，所以我在球场上总是享受最大的快
乐，没有多余的时间来胡思乱想。或许我应该时而放缓节奏，但就
是做不到。我没法违背我的天性啊。"

只有在克林斯曼和范加尔的手下，里贝里会在队友们防守时
独自留在前场。那时，人们很难想象里贝里会在未来成为一个体系
球员，他改进了自己的比赛方式，并在丢球后坚持不懈地回到后场
防守。当那两位教练在任时，他缺乏欲望和能量。休息日时，里贝
里很少待在塞贝纳大街，他会前往巴黎或马赛与他的朋友相聚。德
国国家队前主帅克林斯曼总是不断地改变他的战术，却难以形成一
个体系，这让里贝里受尽折磨。有时里贝里身前站有一个前锋，有
时又会是两个。他最常出任左边锋的位置，有时会被挪到自己并
不擅长的中路。他不明白克林斯曼为什么在训练中如此重视身体对
抗，却很少对战术有所布置，这是对目标的缺失。为了展示他的真
实实力，里贝里需要明确一个理念，这让他十分想念克林斯曼①。
里贝里唯一担心的只是他的登场时间，鉴于他几乎不会坐在板凳

---

① 原文似有前后矛盾之嫌，作者应该是想表达里贝里在克林斯曼手下有充足的上
场时间，而在范加尔手下比较糟糕，这样相比而言，克林斯曼也有让他怀念的地
方。——译者注

上，他可以在克林斯曼手下工作而不发牢骚。

在范加尔手下踢球时，情况又变得有所不同。当里贝里感到没能完全适应的时候，荷兰人就宣布放弃里贝里。他在范加尔手下上场时间有限。"我不会仅仅听信于球员的名气，我关注的是球员的表现。"这是范加尔的格言。他敢于尝试让里贝里踢前腰，但里贝里拒绝了。"我是一名左路球员，除了左路哪儿都不去。在10号位上我得不到足够的空间，难以展现出我最好的一面。"里贝里为自己辩护。

贝肯鲍尔眼中的里贝里是这样的："他的身体堪称一个现象。他的跑动，他的存在，都不可思议。他在比赛中总是会令对手筋疲力尽，因为他不断地与人对抗，这要求球员有出色的体格，里贝里正是如此。我不断地问自己，里贝里到底有多少个肺？他一定有3个马肺吧。"足球皇帝赞美了里贝里，因为他也被里贝里这几年的进步所折服了，"里贝里每场比赛都做到极限，无论对手是谁，无论是欧冠决赛还是一场普通的友谊赛。他的风格，他的脚步，堪称视觉盛宴。里贝里的每场比赛都是这样。尽管如此，他也在一直努力进步着。如此强大的能量让人不可思议，里贝里靠着他的人格与意志力始终坚持着。也正因如此，里贝里成为了世界上最好的球员之一。"

2009—2011年期间，里贝里常常受伤。但从2011年7月海因克斯接管拜仁慕尼黑起，他的身体却总是十分听话，原因就是他为了防止受伤成天在健身房里艰苦训练。如今的里贝里说："我在一些细节和意识方面做得更好了，我的经验帮助我顺利地和自己的身体打交道。"

　　里贝里在球场上的火气也小了许多。在他职业生涯早期，里贝里一张又一张地得到红牌，他不得不因为出格的行为而提前离场。"我从不是一个令人讨厌的家伙，我有时感到不悦，但是我真的无意伤害任何人。不幸的是，有时候对手的动作和挑衅有些过分，这很不公平。事实上我是一个冲动的人，我对这些伤害性的事总是不假思索就做出了很大的反应。我尝试着克制住自己，显然，我应该控制住自己的行为，不出这些乱子。"在青年时期，里贝里比现在更冲动。尽管并不容易，但随着年岁增长，里贝里总是在压制着他的火气。他明白自己是孩子们和年轻人的一个榜样，他需要注意自己的行为。

　　里贝里在梅斯、马赛时期的教练让·费尔南德斯始终在千里之外细心地关注着他，他分析了里贝里的进步："拜仁始终明白如何让一个球员成为真正的自己，并发掘出他全部的潜能。海因克斯更加深知这一点。拜仁总是能牢牢地控制住球，但是一旦丢掉了控球权，漏洞就出现了。自从海因克斯要求大家在丢球后立刻全体反抢的那一天起，拜仁就成为了欧洲足坛最强的球队。这就是开启胜利的钥匙。一瞬间，我看到了回防的阿尔杨·罗本和一个全新的弗兰克·里贝里。"

　　里贝里刚到慕尼黑，或是更早前在马赛、加拉塔萨雷和梅斯的时候，他丢掉控球权后只会站在原地，如今里贝里总是立刻反抢，直至再次拿到足球。他一次又一次地在自家禁区里如同最后一名防守队员一样拼抢。安联的球迷往往在这个时候也不会吝惜他们的掌声。"我尽力帮助后防队员，不会始终站在对方禁区里，我也可以因此在由守转攻时获得更多的空间。我在这方面做得很好，这让我成为了一名全面的球员。"

里贝里在防守端态度的转变赢得了拜仁队友的认可。施魏因斯泰格说："里贝里在慕尼黑的最大收获是防守态度。我始终要求队员们努力防守。我时常对里贝里说：'如果你能参与后场防守，或是在对位时丢了球赶紧反抢，当你重新断下他脚下的球时，全场的球迷都会为你起立鼓掌许久的。'"

施魏因斯泰格细心地关注着里贝里在球场上的成长："在里贝里刚来拜仁的时候，他丢掉控球权时往往只是站在原地，等待着后防队员帮他搞定防守，这是一个严重的问题。现在的他不再是象征性地向后跑个10米，而是全身心地参与到回防之中。在我看来，这是他能夺得欧洲最佳球员的关键因素之一。"

在2012—2013赛季的德甲联赛中，里贝里展现出了前所未有的强大，他在每一场比赛中都拿出了成熟而强悍的自己。《踢球者》杂志为里贝里的赛季表现打出了2.1的平均分，这是近20年来的最佳评分：马蒂亚斯·萨默尔在为多特蒙德效力的1994—1995赛季中拿到过2.17的赛季平均分。

最终，里贝里以足够的耐心和难以置信的勤奋帮助拜仁走上了巅峰。在海因克斯的指点下，里贝里表现出前所未有的努力。他总是对胜利保持着饥渴，这让他在这些年养成了良好的习惯：留在慕尼黑主动地训练，即使是休息日他也总是会来到塞贝纳大街，而不是飞回家放松两天，因为他想要在挂靴之前完成自己所有的目标。举个例子，他在2013年12月1日被邀请为巴黎付费电视频道Canal+的足球栏目嘉宾。里贝里本可以在周一愉快地游览法国首都，但他并没有这么做——里贝里乘坐最早班的飞机回到了慕尼黑的大家庭。不仅如此，为了能尽快从肋部伤势中恢复（里贝里在与乌克兰的世界杯预选赛附加赛第2回合中受伤），他还来到了塞贝纳大街完成了一次单独训练。两天之后，他又站在了拜仁客场2∶0战胜奥格斯堡的德国杯第2轮的赛场上。

当里贝里开始职业生涯时，他的体能异常出色，短时间内连续全速冲刺根本难不倒他。他在场上高速运转，决定着比赛的节奏。他的爆发力、弹跳、冲击力以及带球时的节奏变化，能保证他时时刻刻都给对方造成威胁。再加上他对球门的天生嗅觉，让里贝里成为一名令人无法预料的出色盘带者。

此外，里贝里无论左脚还是右脚，都有着爆射的能力。他一次又一次地用突如其来的射门震慑着敌方。当里贝里还在为马赛效力时（2005—2007年），他曾用一脚30码外的梦幻破门在对阵南特队的比赛中得分。这粒进球还被评为法国当月最佳进球。

法国国家队主教练迪迪埃·德尚说：“里贝里给对手造成威胁的不光是他的盘带，还有他出色的传球视野。他动作快得惊人，只要一触球就能玩二过一。里贝里对此信手拈来，欧洲像他这样的球员可不多。”

同样地，奥特玛尔·希斯菲尔德也关注着里贝里球场上喜人的进步。“他现在对节奏有了更好的把控。2007—2008赛季的时候，他充满着能量，但不善于在球场上合理分配体能。我们惊叹他如今达到的高度——持续、稳定、耐久。"

当沟通顺畅，身体状态又极佳时，球员与教练的合作总会变得异常愉快。2007—2008赛季在塞贝纳大街执教的希斯菲尔德和2011—2013年执教的海因克斯都是如此。里贝里被当作一名纯粹跟随直觉比赛的球员，但随着时间的流逝，他对自己的比赛有了更多的思考，并且希望能够确保自己的发挥对球队整体更有利。他总是本能地从中路、右路回到左边锋的位置，在这个位置上他能更好地发挥出全部潜能。在海因克斯的4-2-3-1体系中，中场球员时刻互换位置，以寻求在进攻端的突破，所以你有时能看到在右路的里贝里，或是换位到左路的罗本。这样的变化能明显地让球队在短时间内集中火力，很快地，拜仁甚至不需要眼神交流就能完成这样的换位。里贝里快速地移动到队友的位置，而队友们也立即对此做出反应。拜仁慕尼黑已经在球场上形成一个无法攻破的整体，即将横扫欧洲。

第 9 章　欧洲王者

2012年的欧冠决赛已经过去，下一年的还没到来。2012年秋天，海因克斯的弟子们在痛失欧冠之后又在塞贝纳大街开始了新赛季征程，里贝里随即这样说道："无冠赛季不会成为我们的绊脚石。恰恰相反，我和所有队友都热情似火，以此忘却这个无冠的赛季。这也让我充满惊人的活力。"

　　对他来说，没有比拜仁更好的地方了。他再也不会有转会的考虑，取而代之的是一次次续约谈判。他甚至能够看到自己终老拜仁的那一天！他时刻等待着和拜仁大佬们谈谈续约的事。里贝里说："我在这里无比开心。时光回到2010年，即使我在那时候跌入了低谷，俱乐部也始终支持着我，拜仁为我做的一切让我永远无法忘怀。"

　　里贝里对这家德国冠军俱乐部如此忠诚，不仅是因为球队的温暖关怀，从竞技的角度来讲，拜仁对球员们更是有着极强的吸引力。短短4年之中第3次进入欧冠决赛，在经历了2010年、2012年的失落后，他们寄希望在华美的温布利大球场一雪前耻。几周之后的拜仁会带来怎样的表演？这对海因克斯的球员们来说，是这个困难的赛季中的一次巨大考验。

为了时隔12年后将心爱的大耳朵杯再次带回慕尼黑，拜仁砸下470万欧元从门兴购入巴西后防坚石丹特，从沃尔夫斯堡花费1300万欧元买入了马里奥·曼朱基奇，这笔交易也让戈麦斯陷入了巨大的压力。之后西班牙人哈维·马丁内斯空降慕尼黑，拜仁则付出了打破50年德甲历史纪录的4000万欧元转会费。随着这些明智的补强，海因克斯有了更为华丽、高效的阵容。巴伐利亚人充分展现了他们的决心和野心。他们开局豪取8连胜，进入冬歇期前仅以1：2遗憾落败于勒沃库森。

　　尽管1：3负于鲍里索夫让他们在明斯克惨遭羞辱，拜仁依旧拿到了欧冠小组头名。2012年11月23日，拜仁在客场1：0险胜里尔，对里贝里来说，这也算是故地重游的一段旅行。当年，教练因为他太瘦小了而让他收拾包裹离开这里。"我想如果他们知道有一天我会在这场法国北部进行的比赛中笑到最后，当年一定不会赶我走了。"

　　里贝里在里尔主场受到的欢迎可没有马赛那么热烈。对手反而显得更有攻击性，盯防他的西迪比就是一个典型。西迪比在比赛中太过凶狠，为了保护球员，海因克斯在中场休息的时候就将里贝里换下。拜仁最终凭借托马斯·穆勒的点球1：0小胜对手。

　　此时，里贝里逐渐开始关心拜仁的年轻球员。大卫·阿拉巴、迭戈·孔滕托、埃姆雷·詹都更多地得到了他的指点，他承担起了这样的责任。"里贝里是我的榜样，他总是能够强有力地回到边后卫的位置。"里贝里的左路好伙伴阿拉巴如是说道。

　　有了小伙伴之后，里贝里的恶作剧更有用武之地了。有一次，他和孔滕托恶搞了理疗师乔瓦尼·比安奇。孔滕托推了理疗师一把，里贝里偷偷跪在他身后，用身体绊倒了他，比安奇无助地摔倒在地。这让所有的球员和观众都开心地大笑了起来。虽然里贝里如此捣蛋，但从没有人因此真正生气，因为他总能在随后的比赛中拿出世界级的表现。

冬歇期后的一次训练中，里贝里和18岁小将埃姆雷·詹在场上打了一个配合，但显然詹把球传大了。里贝里加速奔跑去追球，却突然停了下来倒在了球场上。怎么了？为何如此痛苦？里贝里抱着他的腿，然后做了个鬼脸。过了一会儿，他跟没事了一样开始露齿而笑。他只是想让埃姆雷·詹知道，自己可能会在这样的情况中受伤。大家都深吸一口气后笑了起来。

2013年4月13日，刚过了30岁生日的里贝里在4：0战胜纽伦堡的巴伐利亚德比中光荣地成为了场上队长。海因克斯希望在欧冠前轮换阵容，因此队长拉姆、副队长施魏因斯泰格都没有上场。这是里贝里职业生涯中第一次在正式的比赛上佩戴队长袖标，而在拜仁队史上，也只有两个外国人获此殊荣——马克·范博梅尔和威利·萨尼奥尔。

里贝里感到前所未有的自豪。"我感受到了海因克斯对我的信任，我在拜仁慕尼黑已经快要6年了，所以我也算是巴伐利亚人了。"里贝里笑着说。

自从2010年的"雏妓门"事件后，里贝里成为各家媒体头条新闻的常客，但不同的是，如今往往是积极的报道。2013年3月却发生了一件让他束手无策的事。有次训练将要结束时，他遭到了一个年轻人的骚扰。一开始，那个马赛来的年轻法国人有一份证明，说自己是里贝里的朋友。球员们花了几分钟时间来传达这份证明，误以为是他的表兄来访非公开区域。这个狡猾的不速之客被带到了更衣室。当球员们还在草地上训练时，他就坐在了里贝里的柜子前。当法国国脚出现时，两个法国人发生了一些争执。里贝里被当时的场景震惊了，他感到害怕。"试想那个时候他带着刀或者其他类似的东西，事情会变得怎样呢？"里贝里说。

最终，这个年轻人表示自己只是想向里贝里寻求帮助。他希望里贝里能从动物收养所把他的狗带走。随后这个年轻人被安保人员强行带离了俱乐部。其间没有发生任何恐吓、威胁。拜仁决定不起诉这名男子，而只是给予了他禁令。这个男人早在2013年1月就来到过塞贝纳大街，把他的狗留在了那儿。因为这名男子无法继续照顾他的狗了，他希望里贝里能为他的狗做些什么。那个年轻人把一件紫色外套披在了狗的身上，里面附着一封用法语写的信。里贝里需要对此有自己的判断，毕竟有许多穷人时常会对他有不切实际的指望。这次就当作是一则无害的、没有严重后果的逸事吧。

同样地，海因克斯的弟子们在联赛第二循环中依旧表现得稳定而出色。甚至在4月6日1：0战胜法兰克福的比赛之后，就收获了俱乐部队史上的第23个德国冠军——此时联赛才进行到第28轮，他们已领先第二名的多特蒙德20分。这无疑打破了德甲50年历史上最快夺冠纪录。在商业银行球场的拜仁看台前，里贝里对着球迷唱了几首歌，温度计在那个潮湿的日子里仅仅显示5摄氏度。

尽管天气很糟糕，但拜仁球员毫不在意。已经有整整两年没拿到任何一个冠军了。"我们几乎都忘了成为德国冠军是什么滋味了，"里贝里说道，"我为此感到十分高兴，因为这证明了到底谁才是德国足球的王者。我们当之无愧，我们是最好的球队，我为此感到骄傲。"

因此，拜仁可以专注于欧冠赛事了。留给他们欢庆夺冠的时间并不多，他们并没有庆祝得很夸张，仅仅当天晚上在巴伐利亚首府稍稍热闹了一番。在淘汰首轮对手阿森纳晋级之后（首回合客场3∶1胜阿森纳，次回合主场0∶2落败，所以晋级只是得益于3个客场进球），拜仁在安联2∶0击败了尤文图斯，这让他们掌握了欧冠淘汰赛第2轮的主动权。在皮埃蒙特，依旧有一场硬仗等待着拜仁。但更严明的纪律、更强大的阵容帮助拜仁从容地前进——比分与一周前相同。拜仁没赢够。

在半决赛中，他们遇到了超级对手——巴塞罗那。里贝里深知自己与梅西的竞争：要想离金球奖更近一步，就需要帮助拜仁走得更远，而他自己也要拿出令人震撼的表现。拜仁以4∶0的比分横扫巴塞罗那，令巴塞罗那吞下欧冠参赛史上最惨痛的失利。梅西在比赛中几乎隐身。尽管身体状况不在最好的状态，这位阿根廷国脚在拜仁球员的看防下还是让人意外地从比赛中完全消失了。"今夜我们证明了我们完全有能力击败世界上最好的球队。任何方面都很完美。尽管如此，球队尚未进入决赛。我们需要保持警惕，小心地对待第2回合的比赛，好好准备，避免意外的发生。当然啦，我确信我们能够在4年之内第3次杀入欧冠决赛。"

在诺坎普9万名观众面前，西班牙人试图占据主动。他们曾想象过在追随者面前上演梦幻夜晚，但这一切并未发生。拜仁慕尼黑展示着强大的火力，如同第1回合一样优势尽显。两回合比赛，巴萨惨遭0：7的羞辱，拜仁4年3入欧冠决赛。万事俱备，是时候冲击大耳朵杯了！

弗兰克·里贝里为冠军和纪录而生。2013年5月25日是属于他的一天，这就是他的命运。此时的里贝里还缺少一场能被历史铭记的胜利，他说道："这场比赛很重要，但我们依旧可以失去这一切。就此而言，无欲无求。两次决赛失利已经足够了，是时候殊死一搏了！"

缺少欧冠头衔会让他的职业生涯留有缺憾。"这就是为此战斗的原因，这是我唯一还未获得的冠军。为了这支球队和无数追随者，我没有任何借口，只许成功不许失败。"

拜仁在欧冠决赛的对手将会是多特蒙德——一场"德甲对决"。"我被他们在半决赛中的表现震惊了，这支球队竟然在首回合4：1击败皇马。"里贝里回忆道。一直以来，里贝里的决赛总是不尽如人意。2006年的柏林奥林匹克竞技场，他在意大利人面前痛失大力神杯。2010年由于红牌停赛，里贝里只能在对阵国米的欧冠决赛中作壁上观。两年之后，坐镇主场迎战切尔西，慕尼黑人最终迎来的却是落败。里贝里对这座他职业生涯中最重要的奖杯是如此的渴望！

那他对欧冠决赛又会有怎么样的预测呢？"我们对多特蒙德知根知底，最重要的是不能将自己置于太大的压力之下。我们把比赛当作一件乐事，所以应对得很好。多特蒙德确实很难对付，他们的身体很强壮，又善于防守。但如果我们能拿出1/4决赛对阵尤文图斯和半决赛对阵巴萨时候的表现，那笑到最后的一定是我们。我不知道大家能否一如既往，在决赛中也处于比对手更高的水平，所以我们要为了奖杯使尽浑身解数。还有对斯图加特的德国杯决赛呢！试想，如果我们取得了三冠王，那我们将会被载入史册！"

在这场算是他职业生涯中最重要的比赛开始之前，里贝里不希望他的生活常规有任何的改变。他如同往常一样准备着比赛。任何改变都会增添他对比赛的压力。他很想在这场与多特蒙德的巅峰对决中发挥出色，这就更需要他保持正常的生活和放松的心态了。

开场后的前半个小时，里贝里没有什么出彩的表现，他的队友们也是如此。相反，多特蒙德打出了一些战术和有威胁的射门。克洛普的弟子们之所以没能取得一个进球，是因为诺伊尔的表现太过出色。中场休息过后，法国人有了更多的表现机会。里贝里传出了制胜的绝妙传球，直接参与了拜仁的两次破门：首先他将球传给了罗本，荷兰人下底传中，曼朱基奇包抄得分，在第55分钟为拜仁取得了领先。随后多特蒙德的京多安在第68分钟点球扳回了比分。第88分钟，里贝里为罗本送出了魔法般的助攻，多特蒙德的防线只剩下了魏登费勒面对罗本了。小飞侠用左脚轻巧地完成了射门，足球钻过魏登费勒腋下，滚进了球门。夺冠时刻终于到来了：苦等12年，自在梅阿查球场击败巴伦西亚后，拜仁再次站在了欧洲之巅。里贝里取得欧冠冠军的心愿就此达成。

上赛季，拜仁在德甲、欧冠、德国杯三项赛事中都屈居亚军，而仅仅一年之后，他和他的球队就赢得了所有。"这展现了我们无比坚强的意志。"里贝里在温布利夺冠后分析道。在VIP包厢前的领奖台上，他最终捧起来被无数人垂涎的大耳朵杯。尽管曾经欢庆过无数次夺冠，这次他却格外的小心翼翼。当他的队友博阿滕的奖牌滑落时，他反应敏捷，在空中将它抓住①。里贝里，真正的魔术师。

在伦敦捧起欢庆的花束时，里贝里表达了他对拜仁的忠心："我深爱着这家俱乐部，拜仁就是我的家。"

之后，他携奖杯与他的妻子共眠。"6点钟时我在自己的房间，我和我的奖杯、妻子睡在一起。这是多么美妙、无法忘却的时刻。"

拜仁全队返回慕尼黑的时候正赶上狂风暴雨。伴有雨水的巴伐利亚首府慕尼黑只有5摄氏度，但当装点着拜仁队旗的飞机降落在弗朗茨·约瑟夫·施特劳斯机场时，恶劣的天气便不值一提。写有"我们是冠军"字样的黑色T恤，红色鸭舌帽，尤其是挂在胸前的欧洲冠军奖牌，都流露出了里贝里满满的喜悦。"这是一个转瞬即逝的夜晚，最终我捧得奖杯。这种感觉太难以置信了，我到现在都还没缓过来。"

一周之后，拜仁又在德国杯决赛中3：2击败斯图加特，历史性地取得了三冠王。"我感到自豪，我们书写了历史。"里贝里在市政厅庆祝后的第二天说道，"坦诚地讲，我感到筋疲力尽。我同样不喜欢队友们把啤酒浇到我的身上。我正期待着假期，或许要等

---

① 现场实际情况与原作者的描述略有出入。——译者注

到几天、几周之后，我才能真正感受到我们取得了什么。"

三冠之后，他给被偷税案子缠身的赫内斯送去了问候。"我因为乌利的事感到很不好受，这件事对他的伤害很大，这是谁都不愿意看到的。不论顺境逆境，我都会无条件地支持他。对我来说，他就像我第二个父亲，他这些年来为我和我的家庭所做的一切都让我无法忘怀。没有他，我难以走到这一天。"

现在的里贝里受到了更多球迷的欢迎。出于对里贝里的喜爱，一名拜仁球迷甚至选择在2013年欧冠决赛后在自己的后背文上偶像里贝里。"里贝里吸引我的不光是他踢球的方式，更是他的人格魅力，"43岁的德特雷夫·松克尔说，"他总是笑嘻嘻的，作为一个男人，这听起来可能比较蠢，但这就是我喜欢他的原因。"

"我一生都不会忘记温布利之夜发生的一切，"松克尔补充道，"从周五到周一我只睡了两个小时。从伦敦归来后我就做了文身预约，文身师傅问我：'你确定吗？'我说：'是的，是的！'"一个小时的刺痛后，文身完成了。德特雷夫·松克尔遇见了他的偶像，看到他的文身后里贝里略微震惊了。松克尔说："我掀起了我的T恤，向他展示了我的后背，说道：'弗兰克，看！'他说：'你疯了吗？我要送你一件我的球衣。'"里贝里先生是说话算话的人，松克尔的梦想很快就变成了现实。"里贝里在对阵汉诺威的比赛之后停下了脚步，他的妻子瓦西芭从后备厢里拿出了他的球衣送给了我。"松克尔愉快地说，"我向他表示了感谢，之后我泪流满面。我把它挂在了我的床头。我并不介意他最终不再为拜仁效力，这个文身是我对里贝里的致敬。"

里贝里说："我很喜欢那个球迷的文身。这让我很感动，从好的方面感到震惊。他做了一件很棒的事，这证明了拜仁慕尼黑的球迷都激情四射、和蔼可亲、忠心耿耿。就如同我一样。"

对他来说，现在是休息时刻：和家人还有几个朋友一起度假。他很高兴德尚给他放了假，没有让他参加法国国家队对阵乌拉圭和巴西的两场友谊赛。现在，他可以在阳光沙滩上慢慢回忆这个了不起的赛季，好好体会这支球队在过去的一年里所取得的成就：一个非凡的赛季，拜仁史上最好的、最出色的赛季。

第 10 章　永远的拜仁慕尼黑

6月26日，里贝里开始了他的假期。尽管假期只有短短3周，但里贝里显然已经精力充沛地准备好了迎接新的挑战。"我很好地利用了暑假让自己与外界隔绝，好好地充电。我和我的家人、朋友在一起，三冠王成为了所有人的回忆，我们一次次地为此庆祝。每天清晨苏醒的时候，我脑海里出现的第一样东西总是温布利的那场胜利，那庆祝场景，和那只战胜多特蒙德后被我和妻子带回酒店房间的大耳朵杯。"

6月底，里贝里签了一份新的合约。他续约了两年并且在薪水上有所增长。他现在每年能领取800万~900万的净收入，这让里贝里的工资比德甲史上任何一名球员都高。直到2017年6月30日，里贝里都将自己紧紧地与德国王牌球队绑在了一起。"我只想在这里，哪儿都不想去。我从没有这么爱一个地方过。"里贝里说。

里贝里对新教练瓜迪奥拉感到兴奋，但却也没能忘掉让他状态大爆发的前任。在范加尔手下，里贝里遇到了种种问题，而当他离去，海因克斯入主后，他立刻回归了球队并走向了成熟。"海因克斯先生很伟大，他是一名值得脱帽致敬的教练。他很有规划，不仅构建了拥有众多知名球星的强大阵容，还很好地把每个人捏合在一起，决定谁出场。没有他我们就很难获得三冠王。"

一方面，里贝里因为海因克斯的离去感到忧伤，另一方面，他知道瓜迪奥拉是世界上最出色的教练之一，与他一起工作一定能受益匪浅。2013年1月中旬，拜仁公布了瓜迪奥拉将在夏天接手球队的消息。里贝里对此感到开心，他觉得球队高层的选择与运作是高明而成功的。瓜迪奥拉此前被欧洲各大俱乐部追逐着，其中包括曼城、巴黎圣日耳曼，甚至切尔西也被提及。里贝里深知，与这样一名教练的结合能让球队保持在争冠行列中的第一梯队。

事实上，在和这名加泰罗尼亚教练接触的第一天起他就感觉很棒。无论是在训练场上还是更衣室里，瓜迪奥拉都会去找他聊天。而塞贝纳大街里那扇通向瓜迪奥拉办公室的大门也随时为球员们敞开。"我很善于和教练交流，这让人觉得教练与球员总是肩并肩。当我右腿受伤时，教练很明确地告诉我，他希望我快点好起来，他需要里贝里在场上。当他能这样对我说时，我感到一切都很棒。"

瓜迪奥拉在战术上尝试过让里贝里打10号位，就像范加尔曾经做的一样。对里贝里来说，胜任这个位置已经不再是问题，但瓜迪奥拉随后还是否决了这种战术，并将组织型前场的角色交给托尼·克罗斯、马里奥·格策和蒂亚戈。里贝里表示，他愿意出现在教练安排的任何一个位置。虽然踢新位置这件事适应起来不那么容易，但有助于让他成为一个更全面的球员。这看起来也像是对范加尔的间接嘲讽。

在瓜迪奥拉的战术方针下，拜仁的打法十分灵活多变。他偏爱的4-1-4-1阵型能确保强有力的压迫让对手马不停蹄地奔跑。

弗兰克是瓜迪奥拉战术中的重要一员，他保证了打法的严谨性和现代性。比赛的每个细节都会被仔细分析和改进。瓜迪奥拉与海因克斯时期的最大变化是瓜迪奥拉将阵型大幅提前，如今拜仁在进攻时全队压过半场给对手施压。控球权十分重要，这和瓜迪奥拉在巴萨时期的坚持是一样的。短传也是比赛重要的一部分，对手往往都会被拜仁牵着鼻子走。这对里贝里来说尤其是个好消息。为什么？因为他能在控球打法下比以往更多地拿球，比赛乐趣也多了不少！

新赛季的第一个进球来自对阵欧罗巴联赛冠军切尔西的欧洲超级杯。但在比赛前一天，里贝里还有着一个特殊的任务。2013年8月30日，里贝里被记者选为2012—2013赛季欧洲最佳球员。

在德国，这个奖项的庆祝才是最重要的事。你似乎能感受到里贝里是个德国人，所以他能融入得如此彻底。这和在他祖国的情况完全不一样，在那里他很少被当作最优秀的球员。

他的竞争对手包括巴塞罗那的里奥内尔·梅西和皇家马德里的克里斯蒂亚诺·罗纳尔多。里贝里以显著的优势取得了这项荣誉，并在摩纳哥领取了奖项。他获得了36张选票，位列第二的梅西仅有13张。"我从未感到那么高兴，我为这个奖项而骄傲。"身着清爽西装的里贝里在讲台上这样说道。站在他身边的梅西诚挚地送上了祝福，而罗纳尔多更乐意留在马德里。葡萄牙人显然对只获得了3张选票而感到失落。

拜仁队的竞技总监马蒂亚斯·萨默尔把里贝里捧上了天。"我十分为他高兴，太棒了。这是拜仁蓬勃发展理所应当的成就。"拜仁前队长斯蒂芬·埃芬博格如此评价里贝里："他是一名能让人觉得赏心悦目的球员。他带着球都比许多德甲球员跑得快。"赫内斯曾担心作为德甲球员，里贝里在欧洲的号召力没有梅西或罗纳尔多来得强，幸运的是，事情没有像他担心的那样发生。"毫无疑问，这是里贝里在一年的成功后应得的荣誉。只有他配得上赢家。"拜仁主席在结果公布前这样说道。

当里贝里和球队CEO来到超极杯举办地布拉格时，他的队友为他准备了一个温馨的欢迎仪式。大家在酒店里欢声笑语。"我差不多23点的时候到达了酒店，吃些东西，紧接着所有球员都从各自房间跑来找我。这让我很感动。我们再一次充满凝聚力。这座奖杯是所有人的功劳。"所有球员在此之前都在大巴中随着颁奖仪式自发地庆祝了一番。

这个奖项显然鼓舞了里贝里，在不到24小时后，他就不知疲倦地带领着球队完成了对切尔西的复仇。伦敦人败走布拉格证明了里贝里的领导力，他在下半场刚开场不久就用一记重炮轰门打破了场上的均势。随后他跑向了球队替补席边的瓜迪奥拉，并与他紧紧相拥数秒。"这个进球献给教练，他在这段时间里承受了不少批评，我希望告诉他，大家始终站在他这边。"在德国超极杯上2：4负于多特蒙德后，一些负面的论调开始指向加泰罗尼亚教练。现在，他可以更从容地工作了。

在点球击败切尔西的胜利中，里贝里始终充满着自信，这对球队来说像一种解放。"我对里贝里现在的姿态感到高兴，"瓜迪奥拉表示，"今天他向所有人展示了为什么他被选为欧洲最佳球员。他是个出色的男人，一个好家伙，我对成为他的教练感到满意与开心。"在超级杯之后，里贝里完全无法抑制自己的兴奋，他来到了拜仁看台前拿着麦克风为球迷演唱了几首歌。

6轮比赛过后，拜仁雄踞德甲榜首，纵观全世界，这样的开局也是极为优秀的。在欧冠联赛中，瓜迪奥拉的球队同样表现出众：3：0在主场击败莫斯科中央陆军，随后让人印象深刻地3：1击溃曼城。现在的拜仁让人想起了瓜迪奥拉最好的那支巴塞罗那。里贝里依旧拿出了世界级的表现，在4个比赛日后，已然带领拜仁立于不败之地。

2013年11月9日，他不出意料地入围了金球奖前三名的评选。如同欧洲最佳球员的竞选一样，里贝里的对手是巴塞罗那的里奥内尔·梅西和皇家马德里的克里斯蒂亚诺·罗纳尔多。"这个奖项的评选或许会以失望告终，"里贝里坦言，"我度过了完美的一年，从年初到年末我都始终如一。我与拜仁一起获得了一切。如今，我十分渴望这个奖项，甚至在夜里我都梦见金球奖。我知道我从未像今天这样与它如此靠近。对我而言，这将成为人生中最光辉的一笔。无论如何，我和我的夫人都已经准备好了在家里为金球奖腾出一个位子。"

国家队主教练迪迪尔·德尚担心这名慕尼黑的艺术家会梦想落空，尽管德尚给予里贝里的始终是肯定。"我很不认同改变评选规则的这种行为，你不应该在投票截止时又延期两周。这让里贝里的优势荡然无存。我认为如果他无法加冕那会是巨大的遗憾。但不管怎样他都会迅速恢复，因为2014年巴西世界杯是他的头号目标。"

德尚同时也发现了，里贝里在他的祖国没有得到足够的尊重。

"他能得到更多的支持，他应该得到更多。他在德国是被宠爱的，但法国人不这么想，法国人不喜欢他，尤其是因为他的过去。"

法国RTL广播电台针对他是否能重获名誉以及他是否配得上前三名展开了一场广播辩论。为什么不是施魏因斯泰格、拉姆或是穆勒代替里贝里进入前三名？难道伊布拉希莫维奇不比他更有资格吗？"这评选的不仅仅是球员在球场上的表现，更应该包括他在场下的行为。这么说来，里贝里并不合适。"到场的一名记者说道。在辩论的最后，他们为投票做了次展望：5个记者中，4个将选票投给了克里斯蒂亚诺·罗纳尔多，另一个投给了梅西，里贝里没能获得一张选票。尽管在他的祖国是如此，但在德国，或许他能拿到全部的5张。

《法国足球》写道："里贝里比任何人都渴望得到金球奖。他甚至愿意用他的3座法国足球先生奖杯换取一座金球奖。"在一次杂志对他做的长篇访谈中，里贝里说："我此时意识到我很可能会被载入足球史册。我曾经历过很糟糕的岁月，而如今我享受生活中的每一天。我的命运还不错。"之后他补充道："我和拜仁的合同直到2017年6月30日，到那时候我就在慕尼黑待满10年了。这很棒。"他是否规划过退役之后做什么？他会回到祖国享受简单的生活吗？或者是在慕尼黑过着没有足球的日子？"当然，"里贝里说，"我现在很开心，对未来我没有太多可说的，我还不清楚自己未来的职业规划，还有几年的比赛等着我呢。但我愿意留在足球这个圈子里，举个例子，我可以想象自己当青训教练的样子，我喜欢和年轻人在一起工作。我乐意指导十五六岁的孩子，用我的经历帮助他们。这对我来说是新鲜的,但我愿意尝试。说起大卫·阿拉巴,我都记不得我在多少采访中称赞过他了。当他成为职业球员的时候,我照顾着他,帮助他,他和大家一起很快就适应了职业联赛。他羡慕我拥有名贵钟表和超级跑车。我建议他耐心一些,集中精力专注于足球。他的父母对此单独向我表示过感谢。"

与此同时,瓦西芭似乎也更向往未来生活在慕尼黑。在遭遇最初的小困难之后,里贝里的夫人如今在巴伐利亚首府感到一切都良好。"我们在2009年的时候想要离开慕尼黑,因为遇到了些问题以及我对这儿感到不太适应。但随后,俱乐部为我们和我们的孩子做了许多事情,这让我们居住得越来越好了。就这样吧,我德语说得不算太好,只是马马虎虎,毕竟德语实在太难了。但我的孩子说得很流利,弗兰克也说得挺溜。我尤其为他感到骄傲。在他退役之后,我们计划住在这里。为啥要搬走呢?孩子们在这儿念书,他们都很开心。"

在摩洛哥举行的世界俱乐部杯中,里贝里被当作了国家英雄。作为完美的2013年的结尾,里贝里同时在半决赛4∶0横扫广州恒大和决赛2∶0轻取卡萨布兰卡的比赛里展现了他最佳的足球水平。赛后,里贝里被评选为赛事最佳球员。在颁奖仪式上,他与国际足联主席布拉特握了手。大家纷纷猜测,布拉特是否已经知道了谁是金球奖的得主呢?"与布拉特先生的交流简短而礼貌,可惜的是,我不可能从他的脸上读出我是否会获得足球先生奖。"里贝里调侃道。

即使被问及球员们对金球奖的选择时,里贝里也不会有所保留。"他很放松很自然，"范比滕告诉大家，"他很冷静。我们会紧紧地陪伴他，很显然他配得上金球奖。他在整个2013年都支撑着拜仁，赢得一切。"对拜仁后卫丹特来说，赢家只会是一个人。"弗兰克会是最恰当的赢家。他的2013年十分出众。这些天他有些紧张，但他会让自己镇定下来。最重要的是他能够重新把精力集中在足球上。这几周来，媒体给了他很大的压力，人们时时刻刻都在谈论着接下来的金球奖。"

在国际足联颁奖典礼前的最后一次新闻发布会上，里贝里心态不错。因为在里贝里的发布会前还有拉姆在接受提问。他关心而好奇地看着电脑，甚至还看到了记者向拉姆提的最后一个问题："告诉我们，拉姆先生，你会向谁投票？"拉姆回答："当然是给里贝里。"之后在他自己的发布会上，里贝里说："瓜迪奥拉向我建议过，慢悠悠地去苏黎世，用微笑度过那个夜晚。当然他也给我出过一个主意，在颁奖前就把奖杯偷走然后逃跑。不，别告诉教练，我只是开玩笑的。"

之后，他回到了他的158号房间："我感觉我的行李箱在拖着我走，我们正走向苏黎世呢。我有一台很棒的电视，不过整个星期都没有打开过。但我现在感觉很舒服，我可能晚上会看马德里竞技对阵巴萨的比赛。"

在法国RTL电台上午距离评选还有几个小时的一档节目里，里贝里表示："我永远不会为法国联赛踢球，包括巴黎圣日耳曼。当然这是一家不错的俱乐部，会一直保持强势，我也很尊重巴黎圣日耳曼，但有些事定了就是定了：我会在拜仁完成我的职业生涯。在那里我拥有一切，包括每一天的快乐。"

在周日至周一的夜晚，他乘坐着一架私人飞机前往苏黎世，同行的还有队友诺伊尔与拉姆这两名国际足联最佳11人的候选人。在下午早些时候，他身着T恤、牛仔裤和运动鞋与罗纳尔多、梅西一起参加了新闻发布会。在近100名记者前，3位最终候选人在30分钟内回答了各种问题。里贝里表现得放松而骄傲，但因为旅途，稍稍有些疲劳。

在新闻发布会之后，他回到了柏悦酒店与妻子一起为17点在苏黎世国会大厦前的红地毯走秀做准备。他身着一套优雅的黑礼服，配上好看的领结，一同出现在会场的还包括他的经纪人阿伦·米利亚西奥和让·皮埃尔·伯内斯以及他的偶像齐达内，还有国家队主帅德尚。

里贝里和拉姆、诺伊尔一起入选了年度最佳11人，他还向自己的妻子展示了光荣的小小奖杯。之后他与古力特、巴拉克一起走上了讲台。台下的一位来宾提问道："你会加盟巴黎圣日耳曼吗？""去巴黎圣日耳曼？不，我不确定。但我想和拜仁一起在欧冠对阵他们，那会让我感到高兴。"里贝里咧开嘴笑着说道。

在典礼进行了100分钟后的20：01，巴西足球传奇贝利亲自宣布："获得世界足球先生的是克里斯蒂亚诺·罗纳尔多。"里贝里的失望显而易见，几分钟后他与家人一起离开了会场，没有参加之后的媒体见面会。他回到了酒店，与自己的顾问、德尚、拉姆还有妻子一起吃了晚餐。"里贝里看起来并不忧伤，我确信他很快会恢复的。对他来说，比赛才是真正最重要的东西。不久后德甲比赛就要重新开始了，他会再次出色发挥的。"拉姆说。22点刚过，里贝里就离开了苏黎世，与他的妻子还有拜仁CEO鲁梅尼格一起回到了慕尼黑。他只想尽快见到自己的3个孩子还有他的队友们，让一切回到往常。里贝里是仅仅排在罗纳尔多、梅西之后的第三名。

"什么？里贝里只获得了第三？我也很吃惊啊！"力压克洛普（多特蒙德）和弗格森爵士（曼联）的年度最佳教练海因克斯说道。

但里贝里很快就看起来和从前一样。他透露了自己的新目标："这样的结果显然会让人失望，尤其是当我赢得了一切，而我身边的两个人却啥都没有。我配得上金球奖，但现在我希望表现得更好，不输掉任何一场比赛。"

尽管瓜迪奥拉给他安排了两天假期，但里贝里还是在周三前往了塞贝纳。他参加了45分钟的训练来保持节奏。

在之后的一节公开训练课中，他对200名观众鼓起了掌，他看起来为回到球队感到高兴。之后他为前来观看的球迷签名留念。"回到这里的感觉真好，我感觉很棒，一切都好。"里贝里说。